不正捜査・調査関係者必携

不正の端緒を見抜く
財務捜査の進め方

横山 誠【著】
Yokoyama Makoto

中央経済社

はじめに

　財務捜査は，会計帳簿，預金取引明細などの会計資料を基に，会社の経営実態，金銭の流れ等を明らかにすることで犯罪を立証する捜査手法です。会社を舞台とした詐欺，横領，背任，贈収賄事件等の知能犯捜査ではもちろんのこと，金銭が絡む事件捜査の現場で財務捜査がない捜査は考えられません。実際，財務捜査によって解決した事件，財務捜査がなければ解決できなかった事件は数多くあります。資料を基に数字による立証を特徴とする財務捜査は，客観性が高く，過度に供述に頼らない捜査手法としてその重要性は今後も増していくことは間違いありません。
　本書は，筆者の25年間にわたる埼玉県警での財務捜査官としての経験を基に，捜査の開始から実際の帳簿分析，捜査のまとめまでを流れに沿って解説した内容となっています。

　事件捜査で知り得た事項について守秘義務があるのは当然のことです。しかし，会計帳簿，決算書，取引記録から会計の知識，経験に基づき不審点を探し出し，その内容を掘り下げ，事案を解明する財務捜査の手法は，特別秘匿を要するものではありません。
　むしろ，財務捜査の方法は，健全な経済社会を守り，不正を防止し，コンプライアンスを向上させる一助として，広く不正と対峙する方々と共有すべきものと考えます。
　強制力を有さない社内調査，民間調査であっても，財務捜査は参考になるはずです。警察で行う捜査も最初から強制力を行使しているわけではありません。公になっている資料の分析，任意の方法で提供を受けた資料をベースに捜査を開始するのが基本です。捜索・差押，被疑者の逮捕といった強制捜査は，任意捜査では事案の究明が困難な段階になって

初めてとられる措置です。日常業務の中で行われる社内不正の調査では，証拠のほとんどが社内にある点で，警察と同等の事案解明が可能な事例も多くあります。

　また，捜査機関が行う捜査は，将来行われる公判を見据え，合理的な疑いを差し挟む余地のない程度までの立証が求められ，また捜査手続についても関係者の人権を尊重した確立したルールが存在することから，不正調査を行ううえでの1つの指標となりうるものです。

　翻って，警察での財務捜査を考えると，残念ながらその重要性について十分意識が浸透しているとまでは言えない状況にあります。平成6年に全国で初めて財務捜査官が採用され，平成15年には警察大学校の附置機関として財務捜査研修センターが設置されるなど，組織として「財務捜査」が開始されて30年近くが経過しました。確かにかつてに比べ簿記検定の取得者が増加するなど一定の成果は見られるものの，まだまだ経験豊富な捜査員は少なく，せっかく収集した帳簿類を十分生かしきれていない状況も経験してきました。また，捜査指揮にあたる幹部が財務捜査に対する理解が不十分なため，的確な捜査方針を樹立できない場面に遭遇したこともあります。

　本書は，捜査関係者はもとより，不正に接する可能性がある公認会計士，税理士等の会計専門家，民間において不正調査に従事する調査委員，公認不正検査士等の方々の参考になるよう，基礎的な事項から具体的な捜査手法に至るまでを記した内容となっています。
　第1章，第2章では，財務捜査について概略を説明したうえで，どのようなきっかけで不正を見出すのかを記しています。
　不正を発見することは，捜査機関においては，社会に内在する経済的不正を摘出し，検挙をもって不正を明らかにするための最初のポイント

になります。一方，不正調査においては，早期に不正を発見，解明することは会社の資産を守り，社内秩序を維持することにつながります。

　第3章から第6章までは，実際に捜査を実施する前段について記しています。特に捜査方針は，戦略に該当する部分であり，どのような切り口で，どのように事案を具体的に立証するのかが問われる重要な意思決定です。これを誤ると立証できない事案に向けていたずらに時間と人員を浪費する結果となります。また，社内調査においては不正行為者を長く社内にとどめておくことは適切でなく，早期に的確な方針を樹立することが求められます。

　第7章から第11章では，具体的な財務捜査手法を解説しています。本書の中心に当たる部分です。財務捜査で欠かせない預金取引明細の見方，不正に用いられやすい勘定科目とその着眼点，罪名ごとに異なる捜査手法，資金の流れ，資金使途の解明方法など実務的な内容を具体的に紹介しています。

　第12章，第13章では，取調べ，財務捜査のまとめ方について触れています。

　財務捜査は，数字による立証とはいえ，供述を得ることで数字に意味がもたらされます。また，被疑者の言い分も十分に聞き，捜査内容に誤りがないか再確認する慎重さも求められます。さらに，社内調査では，再発防止のためにも嫌疑者からのヒアリングは欠かすことができないはずです。

　本書の内容は，筆者の限られた知識と経験に基づき書かれたもので，警察の財務捜査について網羅的に完全性をもって解説したものではありません。また，本書に示された意見は，筆者の私見であって，組織を代表するものでもありません。筆者が扱った事件として紹介した事例でも，人物，場面等を変え特定を避けています。

そのような前提条件はありますが，財務捜査の手法が不正の捜査，調査に従事する方々に活用され，不正事案の解明，その防止に役立てられることを願っています。

　最後に，本書の出版にあたり，編集部の奥田真史氏をはじめ，中央経済社の皆さまには大変お世話になりました。この場をお借りして深く感謝申し上げます。

2024年11月

横　山　　誠

■目 次

はじめに　i

第1編
財務捜査の概要と捜査の開始まで

第1章　財務捜査の概要 ——————————— 3

1．財務捜査の概要 ……………………………………………… 3
2．民間調査への応用 …………………………………………… 4
3．財務捜査の役割 ……………………………………………… 6
　(1)　経営分析による事件の発見／6
　(2)　事件の立証／7
　(3)　客観資料の作成／8
　(4)　事件背景の解明／8
4．周辺知識 ……………………………………………………… 9
　(1)　簿　記／10
　(2)　税　務／11
　(3)　会社法／12
　(4)　登記に関すること／13
　(5)　経営実務／13

　この章のまとめ ………………………………………………… 15

第2章　不正の端緒 ——————————— 16

1．捜査機関が発掘する不正の端緒 …………………………… 16
　(1)　有価証券報告書等／17

(2)　上場企業の適時開示情報／18
　　(3)　企業倒産情報／18
　　(4)　新聞，雑誌等の報道／19
　2．社内における不正発見の端緒 …………………………………… 20
　　(1)　内部通報／21
　　(2)　内部監査／21
　　(3)　税務調査／22
　　(4)　不正の申し出／22
　この章のまとめ ……………………………………………………………… 23

第3章　捜査体制と情報の管理 ─── 24

　1．捜査班の組成 ……………………………………………………… 24
　　(1)　捜査体裁／24
　　(2)　適任者の選定／25
　　(3)　人数および構成／25
　　(4)　捜査場所／26
　2．捜査情報の共有・記録 …………………………………………… 27
　　(1)　情報の共有／27
　　(2)　週報・日報の作成／28
　この章のまとめ ……………………………………………………………… 28

第4章　財務捜査の注意点 ─── 29

　1．時　効 ……………………………………………………………… 29
　2．被疑者の区分 ……………………………………………………… 30
　　(1)　経営者不正／30
　　(2)　従業員不正／32
　3．証拠の程度 ………………………………………………………… 32
　4．事案の選定 ………………………………………………………… 33

5．関係者の有無 …………………………………………………… 34
　　この章のまとめ …………………………………………………… 34

第5章　捜査方針の策定 ─────────────── 35

　　1．被疑者の想定 …………………………………………………… 35
　　2．被疑者の犯意 …………………………………………………… 36
　　3．罪名の想定 ……………………………………………………… 37
　　4．可能性の想定 …………………………………………………… 39
　　5．チャートの作成 ………………………………………………… 39
　　6．期間の想定 ……………………………………………………… 41
　　この章のまとめ …………………………………………………… 41

第6章　証拠の収集・管理 ─────────────── 42

　　1．証拠の収集方法 ………………………………………………… 42
　　2．証拠品がある場所 ……………………………………………… 43
　　3．必要な資料 ……………………………………………………… 44
　　　(1)　会計関係資料／45
　　　(2)　預金通帳，キャッシュカード／51
　　　(3)　メモ類／52
　　　(4)　人事関係資料／54
　　　(5)　パソコン，スマートフォン等のデジタル機器／54
　　　(6)　登記簿／55
　　4．証拠の管理 ……………………………………………………… 62
　　この章のまとめ …………………………………………………… 63

第2編
財務捜査の実際

第7章　決算書分析 ─────── 67

1．分析が必要な事案と不要な事案 ……………… 67
2．会計書類の体系と分析手順 ……………………… 68
3．貸借対照表，損益計算書の分析 ……………… 69
　(1) 実数分析／69
　(2) 比率分析／74
4．キャッシュ・フロー計算書の作成・分析 …… 78
5．資金繰り表の分析 ………………………………… 80
　この章のまとめ ……………………………………… 81

第8章　預金・現金，証憑書類の捜査 ─────── 82

1．預金捜査 …………………………………………… 82
　(1) 預金口座の把握／82
　(2) 取引明細の確認／84
　(3) 会計帳簿との突合（法人）／85
　(4) 預金取引の精査（個人）／86
　(5) 取引入力／88
　(6) その他の照会／90
2．現金勘定の分析 …………………………………… 91
3．証憑書類との突合 ………………………………… 92
　(1) 市販用紙を利用している場合／93
　(2) 手書きの書類／93
　(3) インボイス番号がない書類／93

(4)　計算が合わない書類／94

　(5)　遠隔地の取引先／94

　(6)　「一式」となっている書類／94

　(7)　収入印紙の貼付，消印のない領収書／94

　(8)　折り目のついた領収書／95

　この章のまとめ ………………………………………………………… 95

第9章　その他勘定科目の分析 ──────── 96

1．売掛金 …………………………………………………………… 96

2．貸付金 …………………………………………………………… 97

3．役員貸付金 ……………………………………………………… 97

4．仮払金 …………………………………………………………… 98

　(1)　仮払時に領収書が不要なこと／98

　(2)　万円単位のラウンド数字が不自然でないこと／99

　(3)　相手科目として使いやすい／99

5．建設仮勘定 ……………………………………………………… 100

6．その他の固定資産勘定 ………………………………………… 101

7．売　上 …………………………………………………………… 101

　(1)　架空売上／101

　(2)　循環取引／102

　(3)　工事進行基準を利用した架空売上／103

8．支払リース料 …………………………………………………… 104

　この章のまとめ ………………………………………………………… 104

第10章　罪名別財務捜査 ──────── 105

1．詐欺事案 ………………………………………………………… 105

　(1)　詐欺罪の成立要件／105

　(2)　詐欺の類型／107

2．業務上横領事案 …………………………………………………………… 117
　⑴　業務上横領罪の要件／117
　⑵　財務捜査の役割／118
　⑶　横領の典型例／120
3．背任事案 …………………………………………………………………… 123
　⑴　背任罪の成立要件／123
　⑵　特別背任罪との関係／124
　⑶　横領罪との関係／125
　⑷　背任事件の典型／125
4．特別背任事案 ……………………………………………………………… 129
　⑴　特別背任罪の成立要件／129
　⑵　財務捜査の注意点／130
　⑶　参考事例／132
5．粉飾事案 …………………………………………………………………… 135
　⑴　上場会社の粉飾／137
　⑵　非上場株式の粉飾／138
6．贈収賄事案 ………………………………………………………………… 139
　⑴　贈収賄罪の成立要件／139
　⑵　賄賂金授受事実の立証／140
　⑶　被疑者の経済状況／145
　⑷　対象工事の利益／146
7．強盗殺人事件 ……………………………………………………………… 146
8．保険金目的殺人事件 ……………………………………………………… 147
9．その他の事案 ……………………………………………………………… 149
　⑴　違法配当罪／149
　⑵　架空増資／149

　　この章のまとめ ………………………………………………………… 150

第11章　機能別財務捜査手法 ──── 151

1．会社経営状況の解明 ………………………………………… 151
2．家計の解明 …………………………………………………… 152
　(1)　解　明／152
　(2)　分　析／158
　(3)　資産，負債等を加味した加工／158
3．資金使途の解明 ……………………………………………… 158
　(1)　基本形／160
　(2)　同一人の他口座へ振り替えられた場合／161
　(3)　残高がある場合／161
　(4)　使い切る前に次の入金があった場合／163
　(5)　頻繁に少額入金がある場合／163
　(6)　現金使途の解明／165
4．預金口座管理者の解明 ……………………………………… 167
5．レシートの分析 ……………………………………………… 168
6．会社倒産状況の解明 ………………………………………… 172
　(1)　決算書の修正／172
　(2)　決算書に示されない信用力／172
7．ペーパーカンパニーの立証 ………………………………… 173
　(1)　ペーパーカンパニー／173
　(2)　立証方法／174
この章のまとめ ………………………………………………… 175

第3編
取調べと財務捜査のまとめ

第12章　取調べ ―― 179

1．取調べの基本 …… 179
2．財務捜査における取調べ …… 180
　(1)　客観事実との符合／181
　(2)　被疑者の認識の確認／182
　(3)　被疑者の会計知識に合わせた資料の作成／183
　(4)　聴取内容／183
　(5)　抗　弁／185
　(6)　被疑者の否認／185
3．上申書の提出 …… 187
4．供述調書の作成 …… 187
　この章のまとめ …… 188

第13章　捜査のまとめ ―― 189

1．図表の作成 …… 189
　(1)　保険金詐欺事件における資金の流れ／189
　(2)　口座間移動がある資金移動状況／190
　(3)　贈収賄事件における資金の流れ／190
　(4)　贈賄原資として仮払金を特定した場合／192
　(5)　家計状況／193
　(6)　破綻時期の特定／193
2．報告書の作成 …… 195
3．財務捜査独特の注意点 …… 197

(1) 専門用語に説明を加える／197
　　(2) 数字の意味を的確に示す／198
　　(3) 根拠を示す／199
　　(4) 平行して作成する／199
　　(5) 検算をする／200
4．総括報告書の作成 ………………………………………………… 201
　この章のまとめ ……………………………………………………… 203

第1編

財務捜査の概要と捜査の開始まで

第1章

財務捜査の概要

　そもそも財務捜査とはどのような捜査をいうのか。財務捜査の役割と前提となる知識について説明する。

1．財務捜査の概要

　財務捜査とは，会計帳簿，決算書等の会計帳簿類を分析し，犯罪事実の立証を行うことを目的とした捜査手法である。

　平成6年に財務捜査官が初めて採用されて以来，財務捜査は警察における知能犯事件捜査をはじめ，多くの捜査で活用されてきた。

　しかし一方で，財務捜査について「財務」の文言が強調され，決算書を基にした財務分析であるとか，ひたすら帳簿を分析するだけの難解な捜査手法という誤解もある。

　財務捜査は，財務だけが独立して完結することはなく，被疑者，関係者の供述，時系列等の客観的事実，証拠品の精査結果との照合を行いながら進める捜査であり，捜査の重要な部分を占めることはあっても，位置付けとしては全体の一部である。

　財務捜査が他の捜査と無関係に行われた場合，数字だけが一人歩きするだけでなく，数字を出すことが目的になる危険性さえはらんでいる。

数字は客観的に示されるが，数字をいくら積み上げても立証には限界がある。

財務捜査と他の捜査は車の両輪であり，双方が揃って捜査は前進するのである。

財務捜査は「財務」という名称が冠されているが，捜査の手法自体は，基本的に他の事件捜査と大きく変わることはない。客観的事実を集め，これを積み上げ，総合することで立証を行う過程は，多くの捜査と共通している。

2．民間調査への応用

近年では，社内不正が発生した場合，社内において客観的調査を行い，不正発生原因の解明，関係者の処分および再発防止策を講じることが一般的となっている。財務捜査は，このような民間における調査にも十分応用が効く内容となっている。

捜査機関が行う捜査は，最終的に被疑者の刑事責任を問うため，犯罪の立証を合理的な疑いを容れる余地がないほどまでに高めることが要求される。このような厳格な立証を目指すことは，捜査，調査に共通する事項である。

また，裁判は証拠に基づいて行われるが，その証拠の収集についても，刑事訴訟法，犯罪捜査規範，過去の裁判例に基づき，客観的かつ人権侵害を伴わない方法で行われなくてはならない。民間調査において資料収集をする際の基準ともなる。

さらに，被疑者の取調べについても，警察では任意性を確保するための監督対象行為等の取調べルールを設けていることから，この基準に沿って聴取を行うことは，妥当な調査のガイドラインともなる。

このように，民間調査においても捜査機関の捜査に沿うことは，客観的で法的安定性の高い調査につながるのである。

一方で，捜査機関の捜査は，捜索・差押，逮捕，検証等強制力を有している。この点が民間調査との最大の違いといえる。しかし，捜査機関の強制力といっても任意捜査の原則が規定されているように（刑事訴訟法197条1項，犯罪捜査規範99条），無条件に行えるわけではない。

　まずは任意捜査を先行させ，その後事実を積み上げたうえで，裁判所の令状を得て強制捜査へ移行していくことになる。

　もっとも捜査機関の捜査は任意捜査が実質的に強制力を有している面もある。例えば，捜査においては，公務所または公私の団体に照会して必要な事項の報告を求めることができる捜査関係事項照会制度がある。この照会は任意捜査ではあるが，公的機関からの照会に対し可能な範囲で回答を行うことは一般的であろう。

　また，関係者への聴取についても，警察等の捜査機関に対する信頼感から，任意の捜査協力にも応じる場面も多い。

　したがって，任意捜査といいながらも，民間調査をはるかに越える権限を有していることも事実である。

　両者の違いを認識したうえで，社内調査に応用できる点を活用することになる。

財務捜査のキソチシキ

不正調査の官民連携

　民間の不正調査には強制力がないため限界があるのは事実である。しかし，強制力がないといっても，会社を舞台とした不正の場合，証拠の多くは社内にある。また，供述を拒む者に対して，不正調査に協力するよう説得することも可能であろう。警察に逮捕された被疑者にも供述拒否権はある。

　一方，捜査機関においても，すべてを一から捜査することが効率的とは

限らない。例えば、社内不正について会社から被害申告があった場合、すでに社内調査が行われているのであれば、その結果を基に捜査を進めることが合理的である。

他方、社内調査においても可能な範囲で調査を行ったうえ、捜査機関と連携することも考えられる。

例えば、キャッシュカードを使い会社の預金口座から現金が引き出されている場合、早期に警察に対し事件相談を行い、銀行の防犯カメラ画像を保全してもらうということも検討できる。

社内調査が一般化した現在、不正についてより積極的な官民連携が図られても良いように感じる。

3．財務捜査の役割

財務捜査の目的、役割には事件の発見と事件の立証等がある。

(1) 経営分析による事件の発見

事件の発見とは、潜在的な経済不正を表面化させることである。

財務捜査の1つのイメージは、経営分析かと思う。確かに、自己資本比率、流動性比率等を計算して会社の経営状況を把握することは、財務捜査で実際に行っていることである。しかし、この経営分析を行ったとしても、事件が検挙できるわけではない。

業績の善し悪し、経営上の問題点は示せても、それだけで何らかの犯罪を立証できるわけではない。

もともと経営分析は、決算書の数値を分析し、その結果を同種同規模の会社等と比較することで、投資家が投資先を選定したり、金融機関が融資先の財務安全性を確認することが主な目的である。

ただし、経営分析がまったく財務捜査と関係がないわけではない。経営分析の結果を基に、粉飾決算等の不正発見につなげることは可能であ

る。また，不正の可能性が高まった場合，さらに踏み込んで具体的手口を解明するうえでは分析手法によるところが大きい。

例えば，金融機関が破綻してその原因が不正融資にあると疑われた場合，多数の融資先の中から粉飾の嫌疑がある会社をピックアップし捜査対象先を絞る必要がある。

数多い融資先の中から，自己資本比率が極めて低い会社，あるいは業界平均値から著しく乖離している会社を浮かび上がらせることは経営分析によるところが大きい。そこから個々の会社について科目間の比率分析を行えば，粉飾の方法も明らかになっていく。

しかし，経営分析による不正の発見については，その可能性が高いということはできても，それだけで不正が立証できるわけではない。

経営分析により不正が疑われた場合，次のステップとして事件の立証に向けた財務捜査が展開されることになる。

(2) 事件の立証

財務捜査に求められる次の役割は，事件の立証である。実際の捜査に該当する部分である。

経営分析等により捜査機関が不正の疑いを感じた場合，あるいは，会社等から不正被害の申告があった場合，その不正が犯罪であることを立証する必要がある。

例えば，横領事件では，財務捜査により会社から引き出された資金の使途を具体的に追跡し，横領事実を立証していくことになる。

また，投資詐欺であれば，詐欺グループが集めた預金の残高が，債務額を恒常的に下回る状況を示して返済不能を立証していくことになる。

事件の立証が財務捜査の中心部分であり，預金取引明細，会計帳簿を個々具体的に分析することになる。財務捜査の具体的な内容については，第2編「財務捜査の実際」で詳しく記す。

(3) 客観資料の作成

　財務捜査で得られた捜査結果は，図表などにして資料としてとりまとめることが多い。

　単なる数字の羅列を記しても，それだけで第三者が理解することは難しい。会社の業況，資金の流れ等を整理し，その意味するところをわかりやすく示す必要がある。

　財務捜査で作成された資料は，公判に提出されるだけでなく，被疑者に提示しその内容について供述を求めることもある。

　客観事実と符合した財務捜査の結果について，被疑者もその内容を認めれば数字と認識が一致することになる。そこから犯行の動機，手口，書類改ざんの方法など，被疑者でないとわからない供述が得られれば真相の究明につながっていくことになる。

　数字で示される内容を要約し，事実を客観的に示す資料を作成することも財務捜査に求められる役割である。

(4) 事件背景の解明

　事件背景の解明とは，直接犯罪事実を証明するものではないが，事件の解明に不可欠な動機等を明らかにすることである。

　例えば，保険金目的の殺人事件の場合，捜査一課など強行事件担当課が殺人について立証することになる。そして，容疑者が殺人の事実を秘して保険金を請求し受け取れば，保険金詐欺は成立するため，殺人を立証すれば詐欺も立証されることになる。

　このような事件では，財務捜査が直接事件を解決するわけではない。しかし，保険金を目当てに人を殺害するというのは極めて異例な行為であり，そこには明確な金銭に関する動機があったはずである。

　事件を起こすに至った経済的背景を解明するのも財務捜査である。

> **財務捜査のキソチシキ**
>
> **聞いてしまえば早いのか**
>
> しばしば捜査の現場で「帳簿を見るより，関係者から聞いたほうが早い」と言われることがある。
>
> 確かに膨大な量の会計帳簿，証憑書類を細かく調べるのは時間と労力がかかる根気の要る業務である。被疑者や関係者から数字の意味，不正内容を聞いてしまえば早いのかもしれない。
>
> 事件によっては早急に結論を出さざるを得ないこともあり，時間をかけていられないこともある。しかし，供述に引きずられ，真相究明を誤まる危険性もはらんでいる。
>
> 例えば，贈賄事件で被疑者の話に沿って原資を特定したと思っても，後日，供述と異なる事実が出て別の資金が原資と判明した場合，事件自体がつぶれてしまうことになりかねない。
>
> 特に会社を舞台とした事件では，同種同様の取引が日常的に繰り返され，記憶の混同も生じやすい。先に帳簿を確認したうえで供述を得ないと，思わぬ間違いが生じる可能性がある。
>
> ある程度捜査が進んでくれば関係者から話を聞くことにはなるが，まずは帳簿を確認し事実を踏まえるのが先である。

4．周辺知識

　財務捜査では帳簿の分析が主となるが，取引の背景を理解しておかないと数字を数字として分析するだけとなってしまう。帳簿以外の周辺知識がないと一面的な見方しかできなくなる可能性が高い。

　常に以下すべての知識が必要となるわけではないが，財務捜査の対象となるのは会社であることが多い。特に，会社の機関，会社取引に関することは最低限押さえておくべきことである。

　例えば，土地を購入するという取引があったことは，会計帳簿を見れ

ば明らかである。しかし，土地を購入するということは，重要な資産の取得であり取締役会決議が必要になる。また，銀行借入を伴うことが多く，銀行取引，不動産登記の確認も行わなくてはならない。このように1つの取引から多くの知識が求められることになる。

　財務捜査は簿記だけがわかれば十分というものでもない。

(1) 簿　記

　財務捜査で必要な知識として，まず，簿記がある。

　簿記は，会社の取引を秩序的に記録する技法であり，改めて説明するまでもない。簿記検定では，主に取引を帳簿に記入する方法が問われるが，捜査で求められるのは，記入された帳簿を読むことである。このような違いはあるが，資料の読解に簿記の知識は欠かせない。とはいえ，通常の捜査における簿記レベルはそこまで高度な内容までは要求されないことも多い。

　事件の多くは現金，預金が関係するため，現金，預金の流れとその相手科目の意味するところが理解できれば，捜査上十分なこともある。

　その点では日本商工会議所の簿記検定2級レベルがあれば通常の捜査には対応可能であるし，3級レベルで行える事案も少なくない。会計帳簿を前にして，現金，預金を中心に帳簿内容が一通り読めることが重要である。

　もちろん簿記1級，公認会計士，税理士レベルの知識があればなお良いが，そこまでなくても十分に通用することが多い。

　ただし，決算整理仕訳，現金，預金勘定が関係しない科目振替，粉飾事案の解明等については，高度な簿記知識が要求されることはいうまでもない。

> 財務捜査のキソチシキ

財務捜査官の役割

　警察において高度で専門的な財務捜査を担っているのは，外部から特別採用された公認会計士，税理士等の資格を有する財務捜査官たちである。
　財務捜査官は会計に関する高度な知識を有していることに加え，監査法人，民間企業での勤務経験を通じ，企業実務に精通しており，事件を多角的に見ることができる強みがある。
　しかし，財務捜査官の人数は主要都道府県警察を中心に全国で50名程度といわれ，人的基盤とするには貧弱である。経済不正が高度化する中，事案に対応できる捜査体制を拡充することも国民の安心安全の観点から重要なことである。

(2) 税　務

　会社の経理実務は，簿記だけで行われているわけではない。税務が簿記に与えている影響も見逃せない。
　例えば，簿記では資産を取得した場合，これを備品等として資産計上することになっている。しかし，実務では，税法の基準に従って取得価額10万円未満の資産については，費用処理されていることが一般的である。
　また，10万円以上20万円未満の資産については，3年間で償却できる一括償却資産の制度が，中小企業者等については一定要件のもと30万円未満の資産について少額減価償却資産の制度が設けられており，この基準に従って会計処理がされていることがほとんどである。
　そのほかにも，貸倒引当金の計上や減価償却費の計算で税法基準が適用されたり，大企業が税制優遇のある中小企業者になるために減資を行うこともあるなど，税務が簿記，会社経営の根幹に影響を与えている面

も多い。

財務捜査のキソチシキ

約束手形の分割振出し

　財務捜査の相談で「550万円の約束手形を300万円と250万円の2枚に分けて発行している会社を見つけたが，脱税ではないか」と聞かれたことがある。

　550万円の支払を1枚の手形にすると収入印紙は2,000円であるが，これを300万円と250万円の2枚に分ければそれぞれ600円で合計1,200円となる。このような手口で印紙税を安くすることは，何らかの違法に問えるのではないかというものである。

　確かに一見すると脱税に近いと感じるかもしれないが，手形の分割は，実務で普通に見られることであり，印紙税法の規定に反するものでもない。

　このように，経理処理が税法の影響を受けている点も多い。捜査にあたっては，税法の規定，実務の実態も確認しておかないと誤った判断をする危険性がある。

---

(3) 会社法

　財務捜査を行ううえで，会社法，特に会社，会社の機関，役員の責任などは前提知識となる。

　法的には株主が会社の所有者であり，株主が取締役を選任し経営にあたらせる関係，また，取締役は会社に対し忠実義務と善管注意義務を負っているという基本は押えておかなくてはならない。

　例えば特別背任罪では，取締役等がその任務に違背することが犯罪成立要件の1つとなっている。捜査にあたっては，会社法に規定されている取締役の任務について正確に知っておかないと根本を間違えることになる。

また，取締役には経営判断の裁量も幅広く認められているため，結果的に会社に損害が生じたとしても，相当の注意を払い判断した結果について刑事責任を追及することは困難である。

　ほかにも，事件捜査をしていると会社が社長に対して金銭を貸し付けている事例をよく見かけるが，この場合，会社と社長の利益が対立する利益相反関係が生じる。そのため会社法ではこのような取引を行うにあたり，株主総会または取締役会の承認を求めている。仮にこのような手続がとられていない場合，貸付金の実態を疑わせる材料となる。

　このように，財務捜査で会社法の知識が必要となることも多い。

(4) 登記に関すること

　会社は登記により成立する。そのため会社を捜査するには，まず登記の確認から開始する。

　また，不動産は会社，個人にとって重要な財産であり，その得喪時には多額の資金が移動するほか，担保に供されることもある。

　登記簿の情報は，会社と不動産，また資金の移動理由を考えるうえでの大きな手がかりである。

(5) 経営実務

　特別背任事件における無罪事件を詳しく見ると，企業実務に対する理解不足から生じたと感じることがある。

　後にも記すが，財務余力がある親会社が下請け会社に業務を発注するにあたり，取引の間に業績不振の子会社を介在させたことが会社に損害を与えたとして特別背任罪の疑いで起訴されたものの裁判で無罪となった事案がある。

　形式的にはグループ内企業であっても法人格は別であり，取引の間に無用な子会社を介して利益を得させることは，親会社に余計な支出を行

わせることにはなる。しかし銀行等の債権者、取引先から見ればグループ企業は一体である。経営困難な子会社を親会社が支援をすることはしばしば見られるところである。

　子会社等を再建する場合の無利息貸付等については、税法上も一定要件のもと寄附金に該当しないとする国税庁通達もあり、経営実務の中では一般的に行われていることである。

　広く行われていれば犯罪にならないということではないが、会社を対象とする財務捜査では経営実務に関する知識は的確な事件判断のためにも必要とされる。

財務捜査のキソチシキ

警察における財務捜査員の育成

　警察で経済事件捜査を担当しているのは、財務捜査官だけではない。一般試験で採用された警察官に対しても、財務捜査に関する研修は行われている。

　その中心となるのが、警察大学校の附置機関である財務捜査研修センターである。

　同センターは平成15年4月に設立され、ホームページでの紹介によると、財務捜査上級課程、財務捜査分析技能課程など数多くの課程が設けられ研修が実施されているとのことである。

　また、全国警察における財務捜査の事例研究、財務会計制度に関する調査研究等も行うなど、実務・研究の拠点としての役割も大きい。

この章のまとめ

- 財務捜査は，会計帳簿や決算書を基にした，数字を使った捜査手法である。
- 財務捜査は，捜査全体の一部分である。財務捜査だけで事件の解明はできない。取調べ結果，客観的な事実，証拠品などとともに車輪の両輪となって捜査を進めていく。
- 財務捜査は，事件を発見するための財務捜査と，事件を立証するための財務捜査に大別される。
- 事件を発見するための財務捜査では，経営分析の手法が効果的である。
- 財務捜査の中心は，事件の立証に向けて銀行取引明細，会計帳簿を分析することである。
- 財務捜査は，簿記だけでなく関連知識と合わせて行われることになる。

第2章

不正の端緒

　財務捜査は，不正を認知するところから始まる。
　不正の端緒には2種類ある。
　1つ目は，捜査機関が発掘する不正であり，内偵摘発捜査とも呼ばれる。
　財務捜査では会社に関する事件を扱うことが多いが，会社という閉ざされた社会の中では，不正が表面化することなく埋もれてしまう可能性がある。
　前章に記したとおり，財務捜査により不正を積極的に見つけ出し，これを掘り下げていくことで表面化される事件がある。
　2つ目は捜査機関に申告される不正である。事件相談，被害届，告訴状・告発状の提出等により不正が捜査機関に申告されるケースである。
　また，捜査機関に申告される社内不正にも何らかの端緒があったはずである。会社に多い不正の発覚経緯についても触れていく。

1．捜査機関が発掘する不正の端緒

　捜査機関が社会に埋もれた不正を発見するには，多くの場合，公的資料，公刊資料の調査によることになる。

会社から不正が届けられていない時点において，捜査機関が会社に乗り込んで不正を発見することは不可能である。

(1) 有価証券報告書等

有価証券報告書，半期報告書の提出会社は，上場企業に限られているが，投資家の投資判断に用いられる書類として，多くの情報が開示されている。

貸借対照表，損益計算書といった決算書はもちろんのこと，財務情報以外の内容も充実している。

ただ，決算書を分析し，業績の善し悪しが判断できたとしても，その結果を不正に結び付けるのは強引である。特に捜査機関が捜査を開始したことが知られた場合，風評被害につながることもあり慎重な対応にならざるを得ない。

決算書の分析とあわせ，過去の事例から次のような有価証券報告書の記載内容には注目が集まることになる。

- 継続企業の前提に関する注記
  会社の存続に疑義が生じていることから，今後経営破綻に至った場合，不正が露見する可能性がある。
- 関係会社の状況
  子会社，関連会社を通じて，本体では行えない会計処理をしていることも考えられる。
- 関連当事者との取引
  会社の役員とファミリー企業間では，時に経済的合理性のない取引が行われる。
- 無限定適正意見以外の監査報告書，監査法人の途中交代
  会計監査において何らかの問題が生じた可能性がある。

なお，有価証券報告書に関しては，証券取引等監視委員会も市場の番

人としてチェックをしている。また，有価証券報告書の虚偽記載については，悪質な場合は刑事責任が問われることもあるが，行政処分である課徴金で終わることもある。

　刑事罰と課徴金の間には大きな差があり，事件の内容，悪質性等とあわせ，今後の方針について見極めが重要となる。

(2) 上場企業の適時開示情報

　証券取引所に上場している会社は，有価証券の投資判断に影響を与える重要事実が発生した場合，速やかに投資家に対しTDnetを通じて適時開示を行わなければならない。適時開示される事項として，

- 企業財務に関する情報
- 訴訟の提起
- 調査委員会，第三者委員会の設置
- 取締役の解任
- 横領等事実の発生

などがされることもあるため，捜査の端緒となりうる。

　適時開示情報は，重要事実がタイムリーに発信される点で速報性が高い。

　ただし，日々相当な分量の適時開示情報が発せられているため，キーワードで検索をかけるなどしないと情報を発見するのが困難となる。

(3) 企業倒産情報

　企業倒産の背後に事件が隠されていることはよく知られている。

　倒産理由の多くは経営不振であるが，その前後に不正が生じやすい。

　例えば，

- 倒産直前に粉飾した決算書を銀行に提出し，返済の見込みがないのに融資金名目で資金を詐取する融資詐欺
- 倒産することを知りながら顧客から前受金名目で資金を詐取する倒産直前詐欺
- 倒産直前に会社財産を自分の財産に移し替える業務上横領，特別背任
- 破産前後に債権者を害する目的で財産を隠匿する詐欺破産事件

など数々の不正の可能性がある。

　倒産会社が粉飾をしていた場合，倒産直前の決算書における純資産額と破産申立時の負債総額に大幅な乖離が生じるはずである。特に貸借対照表に純資産額が多額計上されていたにもかかわらず，負債総額が相当金額に上り破産時には債務超過となっている場合には粉飾等の不正が濃厚に疑われる。

　もちろん貸借対照表価額は取得価額によることが基本であり，一方，倒産時には時価評価されるため両者が完全に一致するわけではない。

　しかし，決算書の記載が正しければ，資産の時価が簿価よりも大幅に下がるケースは多くない。経営破綻後に大幅な債務超過が判明したということは，貸借対照表に実質回収不能な売掛金，貸付金等が計上されていたり簿外負債が生じていたためと考えるのが普通である。

　破産や民事再生の申立ての多くは経営者が行うため，経営者は自分の会社の倒産時期を事前に知ることが可能であり，債権者よりも情報の面で有利な立場にある。会社経営者は，私財を担保に入れているケースが多く，会社の倒産は自己の財産を失うことに直結する。そのため，倒産直前に会社財産を隠匿する不正が起こりやすいのである。

(4)　新聞，雑誌等の報道

　新聞，雑誌等のマスコミ報道も不正発見の端緒となる。

　過去にあった加ト吉の循環取引の発覚は新聞のスクープ記事が発端と

されている。また，オリンパスの不正会計問題は経済誌による調査報道が端緒といわれている。

また，一般事件の報道から企業の内紛等が明らかになることもある。

さらに，インターネット上の情報は，玉石混交ではあるが，一定の真実性がある内容については，マスコミ報道同様に不正を発見するきっかけともなりうる。

> 財務捜査のキソチシキ

事件発掘の困難さ

財務捜査の対象となる会社の不正を外部から発見することは実際かなり困難である。

外から得られる情報は精度が低く，仮に不正があったとしても刑事責任を問えるほどの内容であるかがその時点では判断がつかないためである。

警察が捜査を行っているという情報が関係者に伝わった場合，適正手続であったとしても会社の信用にかかわることにもなる。

また，そもそも論として，会社側から不正の申告がない場合，社内で穏便に済ませ表沙汰にして欲しくないという意向があるのかもしれない。この場合，不正があったとしても会社側の協力が得られないことになり，立件のハードルは高くなる。

2．社内における不正発見の端緒

財務捜査における不正発見の端緒は，前節のような事件の発掘によることもあるが，多くは，事件相談，被害届，告訴状・告発状の提出などである。

会社不正には，経営者による不正と従業員による不正の2種類がある。

経営者による不正を発見することは容易ではない。経営者の業務執行

に対しては，株主総会，取締役会，監査役などがチェックを担うことになってはいるが，実質的に機能していないことが多い。権力を有する経営者の行為は露見しにくい。

一方従業員による社内不正は，上司の監督があるほか，退職，担当替えなどにより発見されることがある。しかし，社内不正は日常業務の中で継続的に行われることが多く，発見が遅れることも多い。

財務捜査の対象となる社内不正発見の端緒には次のものがよく見られる。

(1) 内部通報

会社の不正は社内で発生しているため，社内から不正の情報が上がることが多いのは当然である。

不正は，会社の通報窓口に報告される場合に限らず，同僚の不審な行動として上司に話が上がることもある。

2022年に施行された改正公益通報者保護法では，従業員300人超の会社に対し内部通報に関する窓口の設置等を義務付けており，制度が定着するに従い，通報件数の増加が見込まれる。

(2) 内部監査

内部監査の目的には，不正，不祥事の発見，防止が含まれており，これにより不正が発見される事例も多い。帳簿を詳細に調べる過程で金額の相違などがあれば，不正の疑いは濃厚である。

一方で長年監査を行いながら，不正を見過ごしていた事例もあり，この場合，監査人の責任も追及される可能性もある。監査を行う側にも，懐疑心をもって会計帳簿のチェックを行うなどの緊張感が求められる。

(3) 税務調査

　税務調査によって不正が発覚することはしばしば見られるところである。税務調査は基本的に任意調査とはいえ，取引先に対する反面調査のほか，各種取引照会が可能である。不審な取引については徹底的な調査が行われ，不正発見率は高くなる。

　税務調査によって売上金の着服，架空経費の支払による横領，取引先を利用したキックバック等の不正が発見されることは多い。

(4) 不正の申し出

　社内不正の行為者は，悪いことをしていることを自覚しつつ，不正の露見もおそれている。不正の多くは，書類の偽造，改ざんを伴っているため，原本と照合されたり，取引先に照会されたりすれば，すぐに不正が発覚することを自覚している。

　また，不正金額が積み上がると一見して不自然な決算書となるため，決算期のたびに勘定科目の振替や帳簿の改ざんを行わなくてはならず，多大な労力がかかるようになる。次第にその手法にも限界が来て，精神的に追い詰められることになる。

　会社に税務調査，会計監査が入るタイミング，あるいは，不正のやりくりが限界に達した時点で，不正行為者本人から不正の申し出がされることもある。

　なお，不正行為者が事件発覚前に捜査機関に対し自分から事件を申告した場合，「自首」として扱われることになろう。

この章のまとめ

- 財務捜査をするには「不正」の端緒が必要である。
- 端緒の1つは、捜査機関による「外から見つける不正」がある。倒産情報、マスコミ報道等から不正を探知しないと隠れた不正は目に触れることがない。
- 経営者の不正については、チェック機能が働かないため表面化しづらい。
- 従業員による不正は、日常業務の過程で継続的に行われることから、発覚に時間がかかりがちである。内部通報、内部監査、税務調査が主な不正発覚の端緒である。

第3章

捜査体制と情報の管理

　財務捜査は，捜査全体の一部であることは，第1章に記したとおりである。捜査を行う体制と，その中での財務捜査の立ち位置について説明する。

　また，組織で動く以上，情報の共有，管理も問題となる。

　ここでは，捜査機関における捜査を基に，社内調査との違いについて記していく。

1．捜査班の組成

(1) 捜査体制

　捜査はチームで行うのが基本であり，財務捜査は捜査チームの中に組み込まれることになる。財務捜査自体は，会計，経理に精通した捜査員が単独で行うにしても，他のチームメンバーとの情報交換は必須である。また，捜査の状況や結果はチームのトップに報告する必要もある。

　捜査チームは捜査班と呼ばれるが，基本的な組織の形は，捜査機関でも会社でもほぼ同じである。捜査も一般企業が行う社内プロジェクトに近いイメージである。

トップを筆頭にそれぞれ定められた役割に従って業務を進めていく過程は，どのチームにも共通する形態である。

(2) 適任者の選定

捜査機関による捜査チームは，公務員に課された守秘義務があるうえ，捜査対象者と個人的なつながりを持たないことから，秘密保持について特段の問題はない。

警察における捜査では，同一所属内であっても他係の捜査員に事件内容を口外しないのがルールとなっている。また，他の係の捜査内容を聞き出すこともない。その点において保秘の徹底が図られている。

一方社内調査の場合には，嫌疑者との人的なつながりがある可能性や，調査状況を他の従業員に口外される懸念がある。できる限り面識がない少人数による調査が望ましい。

特に聴取については，短期間であっても一緒に仕事をした者が担当した場合，嫌疑者から意趣返しをされたり，緊張感に欠く懸念がある。

(3) 人数および構成

警察捜査では，通常の事件であれば特別に捜査班を作ることはない。警察の刑事課は捜査のための組織であり，1名で複数事件を担当し，適宜捜査状況を上職に報告するのが基本的な運営スタイルである。

一方，手口が複雑で犯行期間が長期にわたるような多額被害の事件であれば，その事案についての捜査班を作り，迅速で効率的な捜査を進めていくことになる。

事案の内容や複雑さによって捜査体制は異なるが，基本的には，次のようなポジションと業務分担がとられることが多い。この中で，主任官以下が現場で捜査に当たり，指揮官は適宜報告を受け，大局判断を示すことになる。

一般企業の役職でいえば，指揮官は役員または部長相当，主任官が課長というイメージに近いと思う。

- ●指揮官
  捜査方針の策定，大局判断，意思決定
- ●主任官
  捜査内容の決定，任務付与，進捗状況の管理
- ●財務捜査担当
  会計帳簿，預金取引等の分析
- ●取調べ担当
  被疑者，関係者からの聴取
- ●裏付け担当
  客観事実の収集，分析
- ●庶務担当
  書類のとりまとめ，証拠品の管理

　捜査班の人数は事件規模によって大きく異なる。大規模事件では捜査員100名以上を投じる特別捜査本部が設置されることもある。
　警察では，数名から100名超に至るまで柔軟な捜査体制を構築することが可能である。
　一方社内調査では，調査を専門に行う部署が設けられていないことが通常であり，このような体制を作ることは容易ではない。調査人数は多いほうがマンパワーとして有利であるが，通常業務を離れられる人数の確保が困難であるうえ，機密の保持も難しくなる。そのような問題はあるが，状況に応じた柔軟な体制構築するためにも基本形を押さえておくことは必要である。

(4)　捜査場所

　警察の場合，捜査は，部外者の出入りがない執務室で行われる。捜査

は警察の主要業務でもあり，部屋について特段の問題が生じることはない。

　社内調査においても，人の出入りが少ない会議室等の場所で調査を行うのが合理的であろう。また，証拠品を管理するための施錠できるロッカー，保管場所のほか，書類の持出しを避けるためコピー機などを室内に配置しておいたほうが紛失リスクは軽減される。また，関係者からの聴取ができる小部屋があると調査がスムーズに進む。

　いずれも，業務終了時には必ず施錠をするなど，管理には万全を期す必要がある。

2．捜査情報の共有・記録

(1) 情報の共有

　捜査は組織として実施する以上，組織的な意思決定がされなくてはならない。

　情報の集約，共有方法には2種類考えられる。

　1つ目は，指揮官，主任官だけが情報を管理し，部下職員個々には情報の共有を行わせない方法である。この場合，捜査内容は幹部だけが知ることになり，秘密保持という観点からは望ましいことになる。担当者は，指示された内容だけを捜査することになる。この方法の利点は，他の捜査状況や供述の影響を受けることなく，付与された任務を徹底して行える点にある。

　もう1つの方法は，捜査員全員が情報を共有する方法である。刑事ドラマなどでよく見かける捜査会議の形式である。日々業務の終了時にその日の捜査結果を報告することが基本であるが，途中で重要な事実が証拠品から発見された場合や，有力情報がもたらされたときには直ちに情報の共有が行われる。これにより，捜査班全体が同じ方向を向くことに

なる。

　一般的な情報共有方法は後者であるが，事案によっては前者についても検討の余地はある。

(2)　週報・日報の作成

　捜査状況は，日ごと，週ごと等，節目ごとに捜査結果をまとめ，捜査幹部に報告していくことが必要になる。

　この記録をこまめに行っていかないと，後日捜査内容をとりまとめる段階で，個人の記憶をたどることになってしまう。特に途中から供述内容が変遷したり，重要事実が発見された場合の記録は重要である。

　そのためにも，捜査班の各員も業務メモを作成する必要がある。

　財務捜査で作成する資料についても，作成の過程を丁寧に記録し，後日捜査報告書において，捜査手順を詳細に記すことになる。資料を客観的に作成したことを示すとともに，同一手順で資料を作成した場合，誰が行ったとしても同一結果になるという再現性のためである。そのためにも，日々の捜査状況の記録化は必須である。

この章のまとめ

- 財務捜査は単独で行うものでないため，捜査班というチーム編成が必要となる。
- 捜査班と一般企業におけるプロジェクトチームの基本形態は類似している。目標のために組織的な体制をとる点で変わるところはないからである。
- 捜査における秘密保持は重要である。社内調査の場合にも十分配意する必要がある。
- 情報共有のほか後日のとりまとめ，結果報告のためにも捜査状況の記録化が必要となる。

第4章

財務捜査の注意点

　財務捜査を進めるにあたっては，個々の不正について掘り下げて行うことになるが，あわせて次のような点にも注意をしていく必要がある。

1．時　効

　刑事，民事を問わず，時効が完成した場合，責任追及や賠償を求めることができなくなる。

　ベテランの経理職員による横領等の社内不正は，長期にわたることが多く，また，発覚までに時間がかかることもある。

　不正の解明に先立ち，不正事案について時効の完成時期を確認する必要がある。過去の不正については，一部時効が完成していることも多い。

　主な知能犯事件の公訴時効は，特別背任，詐欺，業務上横領は7年，背任，単純横領は5年である。

　この時効を越えた部分については，仮に不正が解明できたとしても，刑事上の責任を問うことができないのが原則である。

　ただし，仮に一部が時効にかかっていたとしても，不正事案の解明のために不正の始まりを調べることは重要である。普通のサラリーマンだった者にとって，犯罪に手を染めた最初の不正は強く印象に残ってい

るはずである。

その不正方法を選んだ理由，不正が露見するのではないかという緊張感，不正な資金の使途先等について克明な記憶があるのが普通である。

- どのような動機から不正を開始したのか
- 不正手口の変遷
- 事案の全体像
- 不正で得た資金の使途

を解明するためにも，最初の不正の確認は重要である。

なお，実際の捜査においては，銀行の取引明細記録及び会社法に定める会計帳簿とも書類の保存期間が10年であることから，それよりも前の客観証拠を収集することは困難なことが多い。

2．被疑者の区分

第2章に記したとおり，会社を舞台とした不正は，経営者不正と従業員不正に大別できる。

(1) 経営者不正

① 経営者不正とは

経営者不正とは，主に架空売上による粉飾決算，特別背任，贈賄，脱税事件である。

基本的にこれらの不正を従業員が主導で行うことは考えにくい。例えば，会社の業況が好調であるかのように決算書を粉飾する動機は，株価の維持向上，銀行から有利な条件で融資を引き出すため等であるが，そのような動機は従業員にはないのが普通である。決算書作成の過程において従業員が不正に荷担することはあっても，主導的立場にはなり得ない。また，仮に主導があったとしても経営者がまったく関知していない

ことは考えにくい。

② 経営者不正の特徴

　経営者不正の特徴は，その地位による社内への影響力である。特に，普段から経営者の意を汲むことが要求される組織では，経営者が明確に不正を指示するとは限らない。そのため，不正を追及されると，その責任を実行行為者に押しつけがちである。また，公式な取締役会等以外の非公式な場で実質的な意思決定が行われることも多く，表面的な議事録だけで真相が解明できるとは限らない。

　よくされがちなのは経営者による「会社のため」という抗弁である。確かに経営者には広い経営裁量があるため，見方によっては会社のためという抗弁も成り立つ可能性もある。

　経営者による事件の典型例は，特別背任事件である。そもそも経営者が初めから会社に損害を与える目的で就任することはなく，過去においては会社のために忠実に職務を行っていたはずである。不正についても，会社のためという思い込みを抱いたり，正当化が主張されやすい。会社から支出された資金が経営者の手元にたどり着くかどうかが不正を見きわめるための基本的な判断材料となる。

　なお，子会社の社長は，形式的には経営者であっても実質的には親会社から派遣されており，その意向に反する経営は行えないのが普通である。子会社の持ち主である親会社からの指示に反すれば会社のためという理屈は通らない。形式的には社長ではあるが実質的には従業員の立場に近くなる。

　もう1つの経営者によく見られる抗弁としては，部下がやったことで自分は知らないということがある。粉飾決算といった事案の場合，経営者が自ら決算書を作成し，銀行に対して決算書を持参するとは限らない。

　特に会社規模が大きくなれば，分業が進み1つひとつの取引に経営者

は関与しないことのほうが多い。

　財務捜査においては，当初は会社経営者からの指示があったという仮定を置き，その後にこれを裏付ける証拠が集まるのかを考えていくことになる。

(2)　従業員不正

　従業員不正の多くは，業務上横領，会社に対する詐欺である。手口的には比較的単純ではあるが，長期にわたり不正が敢行されていることが多い。また，帳簿，証憑書類の改ざんを伴うことが一般的であり，長期間の帳簿改ざんの解明には時間を要することになる。

　ただ，従業員については，会社の指揮監督を受け，就業規則等の諸規程に従う義務があるため，会社のためという抗弁は困難である。

　一方，組織が大きくなるほど，業務が分断され指示者と実行者の乖離が大きくなる問題点は，経営者不正同様である。

　経営破綻の直前に顧客から資金を騙し取る詐欺事件でも，営業担当者は経営が危機的だったとは知らなかったということも多い。一方，経理も営業が顧客を騙していたとは知らなかったと述べることもある。このようなケースでは，さらに上職者にさかのぼって指示，認識を明らかにする必要が生じる。

3．証拠の程度

　不正事案の解明を進めるにあたって，客観的証拠の有無は重要なポイントになる。

　通常，会社の会計帳簿，証憑書類は整然と保存されており問題は少ない。

　一方，会社の資金が現金で引き出された場合，その後の使途については，資料の収集に困難が生じることが多い。

また，会社不正は日常業務の中で反復継続して行われるため，個々の不正について明確な記憶が残っていないこともある。

そのため財務捜査では，会計帳簿以外の，
- 被疑者の手帳，業務日誌，出勤簿等の有無
- パソコン，スマートフォンに保存されているメール，LINE等の保存状況

によって財務捜査の進め方が大きく変ってくる。

現在ある資料の確認，また，不足している資料については将来収集可能なのかについて，最初に確認し検討しておく必要がある。

4．事案の選定

ある事案の財務捜査をする過程で，他の不正が判明することもある。

例えば，銀行に対する融資詐欺のほかリース会社に対する詐欺が発見されるようなケースである。

また，従業員による不正の場合でも会社資金の横領に加え，顧客に対する詐欺や経費の水増し請求が判明することもある。

このようなケースでは，不正の全体像を解明することとあわせ，どの事案を優先して解明していくかを検討していくことになる。

複数の事案が発覚したときには，立証の難易度が問題になる。

通常，時期が新しい事案は記憶，証拠収集の観点から立証が容易である。また，行為と損害の因果関係も立証しやすい。さらに，時効までの期間が長い点でも有利である。

例えば，銀行に対して長年粉飾決算書を提出していた詐欺事案の場合でも，倒産直前の詐欺のほうが欺罔(ぎもう)行為と結果の結び付きは強くなる。

その他，現金で集金した売上金を着服する集金横領，レジに入力せずに売上金を着服する横領など，現金が絡む事案については，立証の難易度が高い。複数の事案から，証拠が確実なものを選定していく必要があ

る。

5．関係者の有無

　一般的に経済的不正事件は，単独犯によることが多い。

　金銭の不正は，他人の手を借りなくても可能であるうえ，帳簿操作など経理の知識が必要になる。これらを分業して行う必要性が乏しく，複数で行うと不正が発覚するリスクも抱えてしまう。

　ただし，取引先を巻き込んだキックバック，循環取引による粉飾事案では共犯者が存在することが多い。また，単独で可能な事案であっても，社内の数名が結託している事例もある。常に共犯の可能性は視野に入れておかなくてはならない。

この章のまとめ

- 時効は絶対要件で最初に確認を行う。ただし，一部が時効にかかっていても不正のスタートを調べる必要はある。
- 会社を舞台とした事件では，日常業務の中で不正が行われる点で立証が難しい。
- 経営者による不正は，明示の指示がされないことがあり，実行行為者に責任を負わせようとすることがある。
- 従業員による不正は，手口が単純なことが多いが，長期にわたることがあり，その場合には解明に時間がかかる。
- 財務捜査が必要となる事件の実行は，単独で可能なことが多いが，共犯者の存在も念頭におくべきである。

第 5 章

捜査方針の策定

　財務捜査に限らず，捜査はある程度の仮定をおきながら進められる。
　客観的事実，資料等が一通り集まった時点で，被疑者，手口，罪名について，一度仮説を立ててみるのが普通である。
　仮説が正しければ，その後の捜査で仮説に沿った証拠物，供述が付いてくることになる。仮説に沿った証拠や供述が自然と集まり，流れるように捜査が進んでいくのが理想である。思うような資料が得られない場合には，仮説が間違っている可能性が高い。
　捜査では，仮説→実行→確認→検証が絶えず行われることになる。
　失敗事例の典型は，当初の仮説に固執し，確認，検証を行わないことである。ただ，一度思い込みをしてしまうと，そこから脱却することが難しくなる。客観事実の確認と周囲の意見に謙虚に耳を傾けることは捜査を進める上で欠かすことはできない。

1．被疑者の想定

　ここまでの捜査において，ぼんやりとした全体像が浮かび上がってくるかと思う。会社を舞台とした不正は，会社という閉じた組織の中で行われる。屋外で突発的に敢行された事件ではなく，見ず知らずの犯人が

存在する可能性はほとんどない。社内不正が発覚した場合，ある程度の被疑者が浮上していることが通常である。

　会社の資金を動かしたり，虚偽の書類を作成できる人物は限られている。例えば，会社の資金が現金で引き出されていれば，通帳，印鑑，キャッシュカードを扱える人物が思い当たるはずである。

　しかし，突き詰めて考えた場合，その人物と特定できるのかについて，合理的な疑いを容れないほどの確実さについて疑問が生じることがある。

　例えば，物品管理が徹底していない会社では，施錠されていない場所でキャッシュカードが保管されていることや，金庫の暗証番号を複数の人物が知っていることもよくあることである。

　この場合，被疑者が想定されたとしても，この時点で断定することは危険である。ほかの人物の可能性を排除できるのか，また，排除するためにはどのような証拠が必要となるかを検討していくことになる。

2．被疑者の犯意

　犯罪となる行為については，刑法その他の法令で要件が明確に定められている。例えば，詐欺罪であれば刑法246条に条文があり，この条文の要件を満たした場合，詐欺に問われることになる。

　しかし，個々の条文には記されていないが，犯行時に犯罪を行う意思，つまり犯意がなければ犯罪は成立しない（過失犯の規定がある場合を除く）。

　貸した金が戻ってこないという事例であれば，借入を申し込んだ時点で犯意があれば詐欺になる。一方，返済の意思はあったのに結果的に返済できなくなったのであれば詐欺にはならない。目に見えない内心が詐欺罪の成否を分けるのである。この点については財務捜査により借入申込時の財務状況を捜査し，内心を解明することになる。

　特に経営者は，最後まで会社の立て直しを図る気持を有することもあ

り，犯意があったことをどのような事実で立証するかがポイントとなる。

3．罪名の想定

　この時点で収集できている資料，供述から当該不正事案がどのような罪名に該当するかを想定していくことになる。例えば，従業員による会社資金の私的費消であれば，横領，詐欺，背任のいずれかに該当するはずである。不正の手口の変化によって，罪名は1つとは限らない。

　罪名を想定することにより，その立件に向けた証拠収集をすることができる。

　例えば，詐欺罪が想定される場合には，申し向けられた文言の欺罔性，返済意思が捜査の中心となり，加えて詐欺に至る動機，詐取金の使途捜査が付随して生じることになる。

　一方，横領罪を想定する場合には，横領行為，つまり取得した財産を自分のもののように処分をするという不法領得の意思を証明するために，使途の解明を中心に捜査を行うことになる。

財務捜査のキソチシキ

捜査方針の重要性

　ある県警から「経営破綻した信用金庫の理事長による背任事件を捜査中であるが，事件捜査に行き詰まりがでてきたのでアドバイスをして欲しい」との要請を受けたことがある。

　早速その県の捜査班に出向き，捜査主任官に状況を確認したところ，
・信用金庫理事長のファミリー企業に融資した資金が回収不能となっている。
・融資先の建設会社は赤字続きで，返済の見込みがなかったことは明らかである。
・したがって，この事件を背任罪として立件したい。

というものだった

　すでに背任事件捜査班を立ち上げ，相当な捜査員を投入して3カ月が経過しているが，この先どのような財務捜査が必要になるかという相談であった。

　確かに多額貸付であり，杜撰な融資であったことは想像できるが，単に赤字会社に融資をして資金が回収できなかったことだけで背任罪として立件するのは難しい。

　少なくとも，貸し付けた資金の一部が理事長に流れているといった金銭で示せる利得が必要であるが，資金使途を捜査してもそのような形跡はないという。

　主任官は「こんな杜撰な融資は犯罪である」と強くいうが，赤字企業に融資をすることはどの金融機関でも行っていることである。

　多くの捜査員を投入し，長期にわたり捜査をしてきた苦労はわかるが，図利加害目的が立証できなければ，背任罪は成立しない。

　「ここまで進めて，できませんなどとはいえない」とのことであったが，証拠がなければそれ以上捜査を進めても意味がない。

　後日，この事件に関してはその後も数カ月捜査を続け，検事にも相談したが立件には至らなかったと聞いた。

　これまでの労力や面子は理解するが，時には早期に修正，撤退することも必要である。

4．可能性の想定

　形式的には，犯罪に該当すると思われた場合でも，実質的には犯罪を構成しないこともある。

　例えば，会社から資金を引き出して自己が管理する預金口座に入金した事実があれば，業務上横領罪が想定される。しかし，会社から自分の口座に資金を移動する理由は，横領以外の可能性も存在する。

　以前会社にお金を貸していてその返済であることや，引き出した資金を会社のためにプールすることもある。

　別の可能性があるのではないか，別の見方ができないかという意見は，消極説とも呼ばれる。しかし，消極説を考え，その消極説を打ち消すほどの積極材料を集めるのが捜査の基本である。

5．チャートの作成

　以上の内容を踏まえ，事件チャートを作成していく。

　事件概要，関係者，資金の流れ，今後の捜査項目等について1枚の用紙にまとめていく（図表5-1）。

　限られたスペースの中で要点を要領よく記載することで，事件の概要がわかりやすくなる。

【図表5－1】業務上横領事件のチャート例

被疑者
氏名　○○
住居　埼玉県○○市
昭和56年7月8日生（43歳）
職業　無職（元株式会社○○経理職員）

被疑事実
被疑者○○は、令和2年10月から同6年10月までの間、株式会社○○の経理部係長として、同社の金銭出納及び経理処理等の事務を担当していたものであるが、○○銀行に開設された同社名義の普通預金口座を同社のため預かり保管中、別表記載のとおり令和2年10月頃から同6年9月頃までの間計58回にわたりいずれも同社においてはいましいま×× 銀行にインターネットバンキングを利用して管理していた同口座から××名義で同人が開設し管理していた株式会社××名義の普通預金口座に振込入金し、もって横領したものである。
罪名及び罰条　刑法第253条

被害法人
株式会社○○
代表取締役社長　○○
本店　埼玉県○○市
設立　昭和42年1月9日
資本金　1,500万円
事業内容　機械装置の製造販売

○ 端緒
　令和6年10月21日に税務調査の予告があった際、経理担当者の○○が経理担当部長に対し「実は会社の金を横領していました。税務調査は無理です。申し訳ありません でした。」と不正の申告りがあったもの。

○ 被疑者経歴
　平成16年3月　○○大学卒業
　同年4月　株式会社××入社
　平成20年3月　同社退職
　同年4月　○○社入社、営業部
　平成26年4月　経理部主任
　令和2年10月　経理部係長
　令和6年10月　同社懲戒解雇

○ 被疑者供述
・経理部係長に昇任した頃から不正を始めた。
・キャバクラの借金を返すために一時借用したのがきっかけ。
・金額は全部で3,000万円程度。
・自分がつくったペーパーカンパニーに架空経費を支払って横領した。
・税務調査があると知り、もう逃げられないと思った。
・被害金額は弁償したいが、金がなく返せない。

○ 捜査状況
・被疑者が設立した法人（株式会社××）口座に外注費名目で資金を送金。横領金が株式会社××に入金後、クレジットカードの支払に充当。一部は現金引出しがされている。
・株式会社××は、設立以来売上がない休眠会社。
・会計帳簿の作成もなし。
・法人住民税均等額のみ支払。
・××口座から引き出された現金の費消状況不明。
・被疑者供述のギャンブルは捜査中。

○ 株式会社××（送金先口座）
代表取締役
設立
本店
資本金
事業内容

○ 捜査方針
・帳簿が改ざんされており、横領額の算定を実施。
・ギャンブルに使ったとの供述だが、横領額は現金引き出され裏付け困難。
・使途に曖昧な点あり、供述の信憑性に疑問。
・使途解明を中心に捜査予定。

6．期間の想定

　おおよその捜査日数を想定することも実務上必要である。捜査に1年以上の期間を要する事件も珍しくはないが，あまりにも漠然とした期日設定では，捜査が緩慢になってしまう。

　徹底した捜査と迅速な捜査は矛盾するようではあるが，いうまでもなくスピード感があるほうが望ましい。

　関係者の記憶も徐々に薄くなり，必要な書類の散逸や，保存期限の到来等で証拠が失われることもあり，捜査上の支障も生じやすい。また，長期にわたる不正の場合，過去の事案から順次時効にかかってしまうことにもなる。

　捜査日数の見積りは経験によるところも大きいが，事件の規模，捜査人員，捜査員の能力，追加証拠品の見込みなどから推測していくことになる。

この章のまとめ

- 捜査を行う場合，被疑者の想定を行う。社内不正は，閉じられた社内で発生し，被疑者は絞られている。ただし，不正を立証するには，それを裏付ける証拠が必要である。
- 他の可能性を想定したり捜査上消極的とみられる意見を考慮することも重要である。
- 罪名を想定し，何をどのように立証していくかを具体的に検討する。
- ある程度捜査が進んだ時点で，結果をまとめたチャートを作成していくのが効果的である。
- 期間を想定しスピード感をもった捜査を進めていかないと緩慢な捜査となりかねない。

第6章

証拠の収集・管理

　裁判は証拠に基づいて行われる。裁判で証拠として認められるには，証拠能力が認められ，かつ，適式な証拠調べを経た証拠でなくてはならない。財務捜査で使用される証拠は，会計帳簿，証憑書類などであり，違法収集がいわれる可能性は低いものの，適正な手続によることは当然である。

　一般的な証拠収集方法および財務捜査で用いられることの多い証拠とその見方について説明をする。

1．証拠の収集方法

　財務捜査も，適正な証拠収集から始まる。

　会計帳簿類が財務捜査で必要なことはいうまでもないが，将来の立証に向けて必要な資料を早期に網羅的に確実に入手することが何よりも重要である。

　証拠の収集としては，捜索・差押，いわゆる家宅捜索がイメージされるが，そのためには裁判所に対し，犯罪事実の要旨を示し，差し押さえるべき物を明記し，捜索・差押の必要性を疎明したうえで令状発付を受けなくてはならない。

それまでは，任意捜査の方法により証拠を集めることになる。

現場での証拠品収集にあたっては，資料の汚濁，混濁を避けるため，物品に触れる際には手袋の着用を行うのが望ましい。ゴム手袋だと一層確実である。

また，預金通帳，キャッシュカード，メモ類などについては，管理，保管状況が重要になることがあるため，発見場所において写真撮影を行い，日時，場所と合わせて記録しておく手当も必要である。

会計帳簿，証憑書類は合理的な範囲で少し広めの期間が必要になることが多い。例えば，横領の事案であれば，横領が開始された時点が不正の起点となるが，想定よりも以前に不正が開始されている可能性があるほか，横領前の経理との違いを明らかにするためにも，若干期間に幅をもたせた資料収集も必要となってくる。

2．証拠品がある場所

財務捜査で使用される証拠品は，会社事務所，住居，自動車（社用，私用）にあることが多い。また，貸金庫，貸倉庫には貴重品，過去の資料が保管されていることもある。

その他，取引先が関与する事案であれば，取引先から資料提供を受ける必要も生じる。

財務捜査のキソチシキ

捜索時に目を見るか

人は無意識のうちに，探して欲しくない場所から人を遠ざけたり，気を逸らす言動に出るといわれる。隠し場所を探すには，目の動きにも注意を払うべきともいう。

もちろんヒントはあったほうがいいが，捜査機関における捜索ではすべ

ての箇所を徹底的に探すため，そこまで注意を払うことは少ない。

　捜索許可状の範囲内であれば，冷蔵庫，米びつ，トイレのタンク，押入等すべてが捜索範囲であり，それらを綿密に調べるからである。丸一日かかる捜索やトラックに満載するほどの証拠品を押収することも珍しいことではない。

3．必要な資料

　一般的な財務捜査において，必要な資料，証拠品はおおむね次のようなものであり，捜索・差押の令状請求に記載する「差し押さえるべき物」もこのような内容になることが多い。

- 仕訳帳，総勘定元帳，補助元帳等の会計帳簿
- 資金計画表，資金繰り表，収支表等の資金関係書類
- 金銭消費貸借契約書，借入申込書等の融資関係書類
- 振込依頼書，振込受付書，振込カード
- 手形帳（控），小切手帳（控）
- 株券，社債券その他有価証券
- 株主名簿
- 印鑑，ゴム印
- 預貯金通帳，預貯金証書
- キャッシュカード，クレジットカード等のカード類
- 証券取引書類
- 領収書，請求書，納品書等の証憑書類
- 契約書，見積書，発注書等の契約関係書類
- 貸借対照表，損益計算書，資本等変動計算書，キャッシュ・フロー計算書等の財務諸表
- 確定申告書，修正申告書，賦課決定通知書その他税務関係書類
- 労働者名簿，履歴書，雇用契約書，賃金台帳，出勤簿等の労働関係書類
- 社内組織図，配席図
- 旅費精算書，出張報告書，運転記録簿

- 名刺，住所録，電話番号簿
- 定款，就業規則等の諸規程
- 取締役会，幹部会議等の会議資料
- 稟議書，決裁書類
- 訴訟関係書類
- 取引先，事業関係者との連絡文書
- 手帳，メモ，カレンダー，予定表
- 携帯電話，スマートフォン，タブレット端末等の電子機器類
- 電磁的記録媒体，コンピューター一式

(1) 会計関係資料

① 会計帳簿

　財務捜査では，会計帳簿が重要な証拠品であることはいうまでもない。現在では，ほとんどがパソコン会計となっているため，かつてのように筆跡，紙の退色などを考慮する必要はなくなっている。

　したがって，会計帳簿とはすなわち電子データということになる。

　会社では紙の帳簿を保存していることも多いが，紙のほかに電子データがあると分析をするうえで使いやすい。

　会計帳簿は，会社が作成するとは限らず，税理士事務所，記帳代行会社に作成を依頼することもある。前年分までの会計データが会社にある場合でも，現在進行年度の帳簿は外部で作成途中のこともある。

　会計ソフトの代表的なものとして，TKC，freee，マネーフォワード，弥生会計などがある。会計ソフトのデータは外部にcsvなどの形式でエクスポートすることが可能である。これをエクセルに取り込んだうえで分析すると効率的である。

> **財務捜査のキソチシキ**
>
> ### 証拠における会計帳簿の位置付け
>
> 公判で提示される証拠は，原則として「伝聞証拠」として扱われ，反対尋問がなければ証拠として採用されない。
> その例外として，商業帳簿がある。商業帳簿は，戸籍，航海日誌等と並び伝聞証拠の扱いを受けることなく証拠能力が与えられている（刑事訴訟法323条）。
> このような扱いがされるのは，商業帳簿は日常業務において一定のルールに従い機械的に作成される信用性の高い書類であるためとされている。
> 会社が作成する商業帳簿はそのまま証拠能力が与えられる点で価値が高いといえる。

② **証憑書類**

領収書，請求書，納品書等取引の証拠となる証憑書類は，財務捜査を行ううえで不可欠な資料である。証憑書類は，取引の相手先が作成する書類であり，預金取引，現金入出金と突合し，取引事実の裏付け資料となる。

しかし，証憑書類があっても，架空取引の場合や金額が書き換えられていることもある。その点については，第8章3.に「証憑書類との突合」として記した。

③ **決算書（有価証券報告書，税務申告書）**

決算書は，主に貸借対照表，損益計算書からなり，会社の経営状況を示す計算書類である。

決算書の分析をするには，1期だけでは不足である。仮に今年の売上高が1,000万円だとわかっても，昨年の売上高が2,000万円だった場合と100万円だった場合では，意味が違ってくる。決算書は比較分析が重要

であり，捜査対象期間を含めた5期程度の資料が望ましい。

a．上場会社

株式市場に上場している会社は，金融商品取引法の規定により各事業年度終了後3カ月以内に有価証券報告書を内閣総理大臣へ提出することが義務付けられている。

提出された有価証券報告書は，金融庁が運営する電子開示システムであるEDINETにより閲覧することが可能である。

有価証券報告書は，投資家が投資をする際の判断資料の1つとして，開示項目が多く，情報の宝庫である。

また，有価証券報告書の決算書については，公認会計士の監査意見が付されており，公認会計士監査を経ていない一般企業の決算書に比べ内容の信頼性は高いものがある。

しかし，過去においては公認会計士監査を受けながらも大型粉飾が発見された事例もあることは念頭に置いておくべきである。

なお，上場企業のホームページには，投資家情報（IR）として，有価証券報告書以外にも各種投資家向け情報が公開されていることが多く，併せて参照することができる。

b．非上場会社

非上場会社も上場企業と同様に毎期決算書の作成を行っている。ただし，多くの会社で一般向けには公表されていない点と，公認会計士監査がされていない点で異なっている。

株式会社には決算公告の制度もあり，決算書を官報，時事に関する日刊紙等に掲載しなくてはならない。しかし，決算公告の制度はあっても，履行している会社は限られているのが実情である。また，公告内容も大会社以外は貸借対照表の要旨のみで足りるため，詳細内容を知ることは

できない。

　社内不正による犯罪が捜査機関に申告されれば，その会社から決算書の提供を受けることはできるが，それ以外に決算書を入手する方法は限られている。

　決算書は，会社以外の場所に提出，保管がされていることがある。
　例えば，
- 借入先の金融機関
- 納税地の所轄税務署
- 決算書を作成した会計事務所
- 許認可のために提出を受けた官公庁

等であるが，いずれも入手は困難である。

④　税務申告書

　税務申告書は，各事業年度の所得金額と税額を示す資料であるが，税務と会計は密接に関係していることから，財務捜査でも活用できる場面は多い。

　　a．法人税申告書

　法人税確定申告書は，すべての法人が原則として毎期決算日の翌日から2カ月以内に納税地の所轄税務署長へ提出することとなっている。個人が提出する所得税申告書と異なり，必ず毎年度提出が義務付けられているため，継続的に会社の財務状況を知ることができる。

　法人税確定申告書は，別表1といわれる表紙にあたる書類から，以下，別表2，別表3と続いていく。ただし，すべての別表が提出されるわけではなく，その法人に必要な別表のみが添付される。

　また，現在では，国税電子申告システムであるe-Taxを使って提出が行われることがほとんどである。

ア　別表1

別表1は，法人名，申告年度の記載に続き，その事業年度の所得金額および法人税額等が書かれた確定申告書の表紙に該当する書類である。

別表1に記載される所得金額は，損益計算書の最下行に記された「当期純利益」を基に，税務調整を経て計算される税務上の利益である。

そのため，損益計算書で計算される利益と，法人税確定申告書で計算される所得金額は，関連性はあるが同一金額とはならない。

イ　別表2

別表2は，株主の構成を記した書類である。本来は，同族会社の判定に関する明細書であるが，株主とその持ち株割合を知る資料として活用できる。

上場会社であれば有価証券報告書に主要株主について「大株主の状況」として示されているが，非上場会社の株主を知る方法は実務上ほとんどない。本来株主名簿は本店へ備え置くことになっているが実際行われている例は少ないうえ，外部からはその確認方法もない。商業登記簿（履歴事項全部証明書）にも取締役の記載はあっても，株主の記載欄は設けられていない。

不正により会社に損害が生じた場合，実質的には会社の所有者である株主に損害が生じたことになる。株主の氏名および株式の保有割合を知ることが必要になるが，別表2はそのための資料として活用できる。

なお，別表2は税務申告のための資料であり，正確な株主と持ち株数については，最終的に会社に確認をすることになる。

ウ　別表4およびその他の別表

別表4は，所得金額の計算表である。

損益計算書の税引後当期純利益を起点に，そこから税務上の加減算を行い，税務上の利益ともいえる所得金額を算出する過程が記されている。

税務上は，別表4および別表5は重要な書類ではあるが，それ以外の

別表も含め、財務捜査の観点からは有益な情報は限られている。

エ 法人事業概況説明書

法人税の計算資料ではないが、取引内容の全体を把握する資料として参考となる。

期末従業員等の状況、利用している会計ソフト、月次の売上高、当期の営業成績の概要等を記入する様式となっており、会社の事業概要を知るうえで有用である。

b．所得税申告書

会社員、公務員の多くは所得税申告書の提出義務がない。

所得税の確定申告書を提出するのは、主に事業所得、不動産所得等がある者、副業等により20万円を超える所得金額がある給与所得者である。

所得税申告書では、事業所得、不動産所得を青色申告で行っている場合には、損益計算書、貸借対照表の添付が基本であり、経営状況を把握する資料となる。

また、土地、建物の売却を行った場合には、譲渡所得の申告を伴うため、不動産の得喪との関連資料ともなる。

財務捜査のキソチシキ

税務当局から警察への資料提供

警察は、捜査にあたりさまざまな資料を入手できるはずであり、税務署に提出された申告書もその対象となりうるかもしれない。

刑事訴訟法には、警察には公務所および公私の団体に対し回答を求める権限が付与されている。警察署長から税務署長に対し、申告内容の回答が求められた場合、税務署長には回答義務が生じるように思える。

しかし一方で、税務職員には守秘義務が課されているうえ、税務調査は

犯罪捜査のために認められたものと解してはならないとの規定も存在する。そこで税務当局からすれば警察への申告書の提供は認められないということになる。

　この点に関して，純金投資詐欺により多数の被害者が出た豊田商事事件における裁判例がある。

　被害者側から，警察庁ないし大阪府警が早期に税務署から豊田商事の決算報告書を入手してこれを適切に分析していれば，強制捜査に着手することが可能であったはずであり，捜査を怠った不作為があるとして国家賠償の訴えが起こされた事案である。

　これに対し裁判所は，税務職員には守秘義務が課されているため，捜査機関の任意捜査に応じて決算書類等を提出することはなく，また，捜査機関においても，税務官庁に照会しても回答の得られる可能性がほとんどないため，通常，そのような照会をしていないことが認められると示している（平成10年1月29日大阪高等裁判所判決，平成14年9月26日最高裁判所棄却）。

---

(2) 預金通帳，キャッシュカード

　銀行照会によって預金口座が判明していても，預金通帳を確認する意味はある。預金通帳にはメモが残されていることもあり，捜査の手がかりになるためである。

　また，預金通帳の名義人がその使用者であるとは限らない。預金通帳，キャッシュカードの保管場所，保管状況は口座使用者，管理者を特定するうえのポイントになる。

> **財務捜査のキソチシキ**
>
> ### 通帳のメモから判明した使途先
>
> 母親が娘を事故に見せかけて殺害し，保険金を受け取った事案があった。
> 殺害の理由は娘の不行跡によるもので，保険金目当ての事件とは思えなかった。しかし，結果的に保険金を手にしたことは確認された。
> 銀行から回答のあった預金取引明細からは使途の解明はできなかったが，押収した通帳を確認すると「墓石」と手書きのメモがあり，娘の墓を購入したことがわかった。確認すると，墓地には小さな真新しい墓が確かに建てられていた。また，手帳には月命日の記録があり，墓参をしていることも判明した。実娘に対する良心の呵責であろう。
> 通帳により使途は解明できたが，気持ち的には割り切れなさが残る事件であった。

(3) メモ類

① 手帳，カレンダー，日誌

手帳，カレンダー，日誌類は，対象者の行動を把握するうえでの資料として重要性が高い。会議，面会の約束等があったことが確認できる。

ただし，記載内容が過去の事実を示すとは限らない点に注意は必要である。手帳には予定を記入する場合もあれば，結果を記入することもある。年初に1年の予定を先に記入しながら，後日日程が変更されることはよく見られることである。

② 裏帳簿

経理担当者が正規の帳簿とは別に手書きの金銭出納帳を作成していることがある。正規の帳簿と照合し，不一致であれば裏帳簿の可能性が高い。

裏帳簿は，ノートの形式に限らず，パソコンの中に表として保存されていることもある。

> **財務捜査のキソチシキ**
>
> ### なぜ記録を残すのか
>
> 違法風俗店，薬物密売事件の財務捜査に何度か従事したことがある。この手の事件は違法であることが明らかで，証拠を残したがらないと考えがちである。
>
> しかし，実際には売上，仕入の状況がノートに記録されていることが多い。日々の入出金が克明に書かれていることもあれば，日付が飛んでいたり，略号で走り書きされていることもある。程度はさまざまであるが，それでも記録を残している。
>
> このような不法行為も一種のビジネスであり，利益の算定，収支状況を明らかにする必要があるのかもしれない。
>
> ところで，このような違法収益であっても税務署は見逃してはくれない。所得税基本通達36-1には，「(収入金額は) 収入の基因となった行為が適法であるかどうかを問わない」と示されている。また国税不服審判所のサイトにも裁決事例として「覚せい剤の密輸入，密売に係る所得についての所得税の決定は適法であるとした事例」が紹介されており，実際に課税があった様子がうかがえる。

③ **メモ紙**

通常，人は，忘れてはならない事項を残すためメモを書くのであり，重要な記載が含まれている可能性が高い。机の周辺に走り書きのメモやパスワードが書かれたメモを見ることは多い。

一方で，メモは他人に見せるものでもないため，乱雑であったり数字のみが記されていることも多く，それだけでは意味が取れないことがある。作成者から確認をするほか，他の資料と照合してその意味を解読す

ることになる。

(4) 人事関係資料

① 出退勤簿

タイムカード，出勤簿については，出勤，退勤の事実および時刻を知る資料である。

不正の日時が判明している場合，当日の勤務状況を把握することは，基本的な確認事項である。

② 人事書類

人事書類としては，入社時に提出を受けた履歴書のほか，採用後の異動，昇任，昇給を記した人事記録がある。

人事書類によって，社内における役職の変化，人的つながり，家族の状況（子の出生，進学，就職等）が確認できる。

個人の生活実態は，家族の状況によって変わることが一般的である。子どもの受験前，大学進学時，仕送り等があるときは，当然支出が多くなりその様子が通帳等に反映されている。

ほかにも大きく資金が動くライフイベントとしては，結婚，住宅購入等があり，預金口座をみるときにはこのような時期との関連性を確認することになる。

(5) パソコン，スマートフォン等のデジタル機器

現在ではパソコン，スマートフォンのデータ解析が捜査を大きく左右するといっても過言ではない。

特にスマートフォンには，メール，LINE等の履歴のほか，検索履歴，過去の位置情報，連絡先等の情報が詰まっている。

デジタル機器に残されている記録は，過去の行動，他者とのやりとり

を示す重要な資料である。偽造書類の作成をパソコンで行うことも多いはずである。

　社内不正の被疑者が使用したパソコンを業務でそのまま使い続けた場合，データが上書きされて消失し，重要な証拠が消滅してしまう。取扱いには十分注意が必要である。パソコンを解析する際には，誤操作による上書き，データの消失を防止するためハードディスクの物理コピーが推奨される。

(6) 登記簿

① 商業登記簿

　会社は登記とともに存在するものであり，会社が関係する事件において商業登記簿を確認することは，必須項目である。

　法人登記がされていなければ，外見上会社の形態を有していても会社ではないことになる。

　現在「商業登記簿」はすべて電算化されているため「履歴事項全部証明書」によることになる。

　ただし履歴事項全部証明書といっても，過去のすべての履歴が残っているわけではない。

　履歴事項全部証明書の記載事項は，約3年分（正確には交付請求があった日の3年前の属する1月1日以降）でしかない。これよりも前の履歴事項を参照するには，閉鎖事項証明書で確認することになる。なお，閉鎖事項証明書の保存期間は20年となっている。

　商業登記簿（履歴事項全部証明書）は主に次の点に着目する。

　　a．会社法人等番号

　会社ごとに付与され，商号変更，本店移転等があっても番号が変わることはない。

b．商　号

会社名である。

商号には法人格も含まれるので，「○○株式会社」と「株式会社○○」は別会社である。

c．本　店

会社の住所である。

本店が移転すると変更登記が必要になる。同一法務局管内への移転であれば現在の登記簿に追記されるが，管轄外へ移転した場合，現在の登記簿は閉鎖され移転先の法務局で新たに登記記録が起こされる。

移転先の法務局で作成される登記簿には，現在有効な登記事項のみしか移記されない。そのため，会社の過去を隠すために意図的に管轄外に本店を移転することも見られる。また，一度管轄外に本店を移転して，再度元の本店所在地に戻って来るというケースもある。

多くの場合，本店移転は正当な理由によるのであるが，そのような事例もあることは念頭に置いたほうが良い。

d．会社成立の年月日

会社が設立された日が記載される。

一般に社歴が長い会社は信用が高いと評価される。

一方でその点に着目し，社歴の長い休眠会社を買い取ることで信用を付ける手法も見られる。

会社の買収自体は違法ではなく合理的な理由が存することがほとんどであるが，中には悪質なケースも散見される。

e．目　的

会社の定款に記された事業内容が記される。

あくまでも会社の目的なので，実際にその事業を行っているとは限らない。

また，許認可が必要な事業が記載されていても，その許認可を受けているかは登記簿上からは判明しない。

f．資本金の額

資本金の額は大きいほうが信用力は高いといえる。

会社法では資本金の最低額は定められてはいないが，極端に少額な場合，登記費用も賄えないことになり，あまり目にする機会はない。

なお，仮装払込みにより資本金を登記した場合，電磁的公正証書原本不実記録罪に問われる可能性がある。

g．役員に関する事項

すべての取締役，監査役などの氏名が記載される。

取締役が1名の場合，その者が代表取締役である。

役員の異動には，次のものがある。

- 就任：新たに役員に就いた場合
- 重任：任期満了後引き続き役員に残る場合
- 再任：過去の役員が再度役員に就任した場合
- 退任：任期満了で退任した場合
- 辞任：自らの意思で任期途中に辞任した場合
- 解任：会社からその任を解かれた場合
- 死亡

役員の異動事項については，次の点に確認が必要である。

ア　役員の一斉辞任，一斉就任

ほぼすべての役員が同一日に辞任した後に，新たな役員が就任した場合，会社の買収等により会社内容が大きく変わったと考えられる。

その時点で会社の実態は分断されている可能性が高い。また，同時に商号変更，本店移転が行われることも多い。

イ　役員の解任登記

役員の解任登記がされている場合，本人の自主的な辞任ではなく，会社から解任されたことになる。登記簿からはこれ以上の理由を知ることはできないが，何らかの事情があったと見るべきである。

② **不動産登記簿**

財務捜査をするうえで，不動産登記簿は重要な資料である。不動産は資産価値が高く，銀行融資の担保としても用いられる。また，取得，売却時には多額の資金が授受されることになる。

なお，不動産登記簿についても，商業登記簿同様に閉鎖登記簿を除き現在は電子化されている。現在書類として交付されるのは「不動産登記事項全部証明書」であるが，不動産登記簿といわれることが多い。

　　a．住居表示と地番の相違に注意する

不動産登記簿を取得して捜査を進めたところ，違う不動産であったという事態を避けるためである。

日常生活では住居表示が中心であるが，不動産登記は地番により管理されている。

対象不動産の地番がわからない場合，住宅地図の上に地番を重ねたブルーマップと呼ばれる冊子で調べることが多い。また，その土地を管轄する法務局に電話で問い合わせれば教示が受けられる。

不動産登記簿を取得しても，対象とする不動産と別の不動産では意味がない。最初にチェックしておくべき点である。

b．公図（地図）も取得する

上記a．と同様の趣旨で，間違いなく対象不動産の登記簿であることを確認するため，法務局に備え付けの公図（地図）も取得し，土地の形状，隣接地の状況も合わせて確認を行っておく。

外部から見ると1つの土地であっても，登記簿が分かれていることがあり，そのチェックのためにも必要である。

作成が古い公図の場合，縮尺，形状が一部正確でないこともあるが，まったく根拠のない公図であることは少なく，確認のためにも必要である。

c．土地と建物の両方の登記簿を取得する

土地の上に建物が存在する場合，土地と建物の両方の登記簿を確認する。

土地と建物は別個の不動産であり，それぞれ別の登記簿が作成されているためである。

d．共同担保目録も請求する

土地と建物は別の不動産であるため，抵当権を実行し売却する場合，別々に処分対象となる。しかし，土地と建物は同一の不動産として処分しないと，売却価額が大きく低下してしまう。

そこで，土地と建物または複数の土地と建物をセットとし「共同担保」が設定されるのが一般的である。

共同担保とする土地，建物は，同一所在地である必要はなく，遠隔地の不動産を共同担保の目的とすることもできる。

登記簿と合わせて共同担保目録を請求することで複数の土地，建物の存在が明らかになることがある。

e．表題部

　表題部とは，登記簿に記載されている不動産の概要が記されている部分である。

　土地であれば，所在，地番，地目，面積，原因が記される。このうち地目，面積は利用形態と広さに関する情報である。ただし，地目については現況を示しているとは限らないこと，また，面積についても正確な測量結果でないことがあるため，参考として捉えたほうがよい。捜査のための登記簿の確認であり，不動産売買目的のような正確さまでは必要とされることは少ない。

　一方，建物の表題部には，所在，構造，床面積，原因およびその日付が記されている。建物の表題部からは，建物の大きさ，広さ，築年数を読み取ることができる。

f．権利部（甲区）（所有権に関する事項）

　ア　所有権

　甲区は，不動産の所有権に関する事項が書かれている。

　取得に関しては，原因，日付，所有者の項目がある。

　取得原因として記載が多いのは，売買，相続である。

　売買であればその時点で資金の授受があり，前後に大きな金銭が動いているはずである。引渡しを受ける前に手付金等を払うこともあり，登記日を中心に期間を広めに確認することになる。

　サラリーマン，公務員の場合には，住宅ローンにより購入しているケースが多く，その場合には預金取引明細と合わせて，不動産登記簿の乙区も確認する。

　また，自宅の購入であれば，その前の居住地と居住形態も確認を行う。仮に前も持ち家であった場合，その住宅売却代金は通帳等に記載されているはずである。

また，建物については，住宅販売会社以外に前所有者がいる場合，中古物件であることがわかる。
　取得原因が相続の場合，不動産以外にも財産を取得している可能性がある。
　イ　所有権以外の所有権に関する権利
　甲区には，差押，仮登記等所有権以外の所有権に関する権利も登記される。
　差押がされているということは，金銭的な行き詰まりを示す客観的な資料となる。
　差押原因が租税の滞納である場合，国税であれば「財務省」，地方税であれば，都道府県，市区町村名が記載されることになる。
　また，それ以外の差押については，債権者氏名として銀行や消費者金融の社名が記される。
　差押は，差し押えるほうにとっても労力を要する手続である。国税であれば，納期限の到来→督促状の発送→差押の手順を踏むのが原則である。
　滞納発生から差押を受けるまでには時間がかかるため，資金的に相当厳しい状況と考えられる。
　また，仮登記というのは，本登記になる前の登記である。
　仮登記は何らかの権利保全をするための措置であり，その内容の確認が必要となる。

g．乙区
　乙区には，主に抵当権の登記がされる。
　抵当権には，普通抵当権と極度額が設定される根抵当権の2種類がある。
　普通抵当権は，住宅ローンのように，1度だけ借入が行われ，返済が

進むと残高が減っていく借入に用いられる。

　根抵当権は，事業資金のように，借入と返済の継続が見込まれ，借入残高が増減する可能性がある場合に用いられる。

　乙区の抵当権者をみれば，どの銀行から借入をしているかが判明する。銀行借入であれば，債権者は銀行になるのが原則である。ただ，近年では，銀行のグループ会社の信用保証会社が抵当権者になることもあり，銀行名そのものが出るとは限らない。

　銀行以外から資金を借りた場合にも抵当権が付されることがある。通常，消費者金融，カードローンは無担保であるが，消費者金融でも不動産担保ローンがある。

　不動産担保ローンは，通常の消費者金融，カードローンよりも多額の借入をする場合に使われるため，それだけの資金が必要だったということになる。

　住宅ローンの使途は，住宅の購入，改築に限られるが，不動産担保ローンの使途について制限はない。自宅を担保にするだけの資金が必要だったと見るべきである。

　消費者金融の不動産担保ローンは，銀行ローンよりも金利が高いことが多く，時間的余裕，信用力がある場合には銀行からの借入を優先することが一般的である。至急資金が必要な場合や銀行借入が困難な場合に利用されやすい。

4．証拠の管理

　収集された証拠は，登記簿のような公的開示資料を除き，紛失，劣化防止のため，物品ごとにビニール袋に入れたうえ，ロッカー等に施錠して保管することが原則である。

　証憑書類，手帳，メモなど重要な物品については，これまでの保管状況によっては紙質の劣化，糊付けの剥離が始まっていることがあり，捜

査の過程で多くの人が使うことでさらに状態が悪化することになる。

共用する資料については，可能な限り複写を取り，原本はなるべく触らないようにすべきである。

ただし，被疑者には原本を提示するのが基本である。

また，紙の資料は，スキャナーで取り込んだうえでOCRによりテキスト化しておくと，検索が容易にできる。

> **この章のまとめ**
>
> - 裁判は証拠を基に行われるので，適正適法に証拠を集めることは捜査の基本である。
> - 財務捜査に必要な資料としては，
>   - ✓ 会計関係資料
>   - ✓ 預金通帳，キャッシュカード
>   - ✓ メモ類
>   - ✓ 人事関係資料
>   - ✓ デジタル機器
>
>   など多岐にわたる。
> - それぞれの資料の確認ポイントを押さえて精査しないと，重要な情報を見落とす可能性がある。
> - 証拠物の紛失，劣化を防止するための管理を適切に行うことも捜査では重要である。

第2編

財務捜査の実際

第7章

決算書分析

1．分析が必要な事案と不要な事案

　財務捜査を行うにあたり，すべての事案で決算書分析が必要となるわけではない。例えば，従業員による業務上横領，背任事件は，会社の業績とは無関係に行われることが多い。一方，会社経営者による特別背任事件，贈賄事件では，会社の業績と事件が密接に関係するため決算書分析は必須である。

　ただし，従業員不正の中でも循環取引による架空売上などは，会社の決算金額に多大な影響が出てくる。また従業員不正の金額が多額になれば，会社の業績にとって無視できないこともある。このような場合には，決算書の分析が必要となる。

　決算書分析の必要性は，不正行為者が経営者か，従業員かが大きな判断基準ではあるが，個々具体的な事案によって判断することになる。

　なお，決算書には，連結決算書，単独決算書があるが，財務捜査では個々の会社について事件捜査を行うことが多く，単独決算書が中心となる。

2．会計書類の体系と分析手順

　決算書分析に入る前に，決算書，会計帳簿，証憑書類の位置付けを確認する。

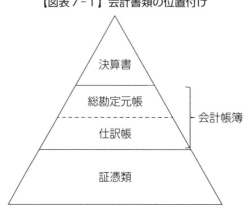

【図表7-1】会計書類の位置付け

　決算書は，会計帳簿を基礎として作成され，会計帳簿は証憑書類を基礎として作成される。書類の作成は図の下から行うが，財務捜査で資料を見るときは，上から下へ，つまり，全体から個別へと確認するほうが効率的である。

　実際個々の領収書，請求書を見ていくと不審な取引が浮上することもある。それ自体追って確認する必要はあるが，最初から細かい点に気をとられ過ぎると全体像，本質を見失う恐れがある。

　そこで第一に確認するのは，決算書ということになる。

　分析対象となるのは，決算書のうち，貸借対照表，損益計算書が中心となる。

　貸借対照表は，決算日における資産，負債および純資産額を記した計算書類であり，作成時点での会社の財政状態を示している。

損益計算書は，一会計期間における収益，費用，利益，損失を示した計算書類であり，一会計期間における経営成績が示される。

この貸借対照表と損益計算書が，会社の経営状況を分析するための基礎資料となる。

株主資本等変動計算書については，利益処分を示す計算書類であり，会社の財政状態，経営成績を直接示す書類ではないため，利益処分状況を参考として見ることになる。ただし，違法配当（電磁的公正証書原本不実記録罪）の疑いがある場合には分析が必要となる。

キャッシュ・フロー計算書は，一会計期間の資金の動きを「営業活動」「投資活動」「財務活動」に区分し，その動きを示す計算書類である。「利益は意見，キャッシュは事実」といわれるように，恣意性が介入する余地がなく，会計方針選択の影響を受けにくいため，客観性に優れた資料である。しかし，キャッシュ・フロー計算書については，上場企業を除き作成義務がないため，非上場会社では作成していないことが多い。その場合には分析のために決算書，会計帳簿を基にキャッシュ・フロー計算書を作成することになる。ただ，作成には手間がかかるうえ，財務捜査という観点でいえば，貸借対照表と損益計算書分析によっても不正の発見が可能なことが多い。不正の嫌疑が高いが貸借対照表と損益計算書では解明できない事例では作成を検討することになる。

3．貸借対照表，損益計算書の分析

(1) 実数分析

実数分析とは，個々の貸借対照表，損益計算書について，その金額の増減を分析する手法である。

実数分析は，対象となる会社単独で行うものであり，具体的な金額を用いて会社の財政状態，経営成績を示す際に行われる。

① **貸借対照表の実数分析**

　貸借対照表の実数分析は，個々の勘定科目について行うこともあるが，初期段階では，純資産額の確認と主要勘定科目名のチェック程度でも十分である。

　貸借対照表は，おおよそ次の構成となっている。

【図表７－２】貸借対照表の構成

資産の部	負債の部
	純資産の部

　純資産額の確認とは，純資産額の金額，特に金額がマイナスになっていないかの確認である。

　負債の額が資産の額を上回った場合，次のような貸借対照表となる。

【図表７－３】負債の額が資産の額を上回った場合

資産の部	負債の部
純資産の部 （マイナス）	

　純資産がマイナスということは，すべての資産を売却しても負債が返

済できないことを意味し，財政状態が不良であることを示すことになる。

一般の会社ではこのように明確な債務超過を見かける機会は少ないが，財務捜査の対象となる会社は業績不芳のことが多く，レアケースではない。

また，純資産額がかろうじてプラスであっても，回収不能な売掛金，貸付金等，あるいは不良棚卸資産がある場合には実質はマイナスである可能性も高い。

【図表7-4】実質はマイナスの貸借対照表

資産の部 売掛金 貸付金 棚卸資産	負債の部
	純資産の部

なお，74頁の比率分析の項で示す自己資本比率は，純資産額を金額ではなく，総資産との比で示した数値である。

会社が作成した貸借対照表の金額が正しいとは限らない。むしろ粉飾決算の疑いがある場合は，おそらく虚偽であろう。ただ，最初の段階では表面上の数字だけを確認し，以後の捜査で詳細を探っていくくらいで構わない。

ただ，せっかく決算書があるので，主な勘定科目名を先にチェックしておくと今後のポイントも見えてくる。

売掛金，貸付金，棚卸資産のほか資産の部，負債の部に多額計上されている勘定科目については不正が隠されている可能性が高い。後ほど総勘定元帳，勘定科目内訳明細書等で内容を確認することになる。

② 損益計算書の実数分析

損益計算書は，一会計期間における損益の状況を表した計算書類であり経営成績を示している。

形式としては，利益の源泉である売上高からスタートし，売上高に対応する売上原価およびその期に生じた販売費及び一般管理費，営業外の収益，費用ならびに臨時特別な損益を加減し，当期純利益を計算していく。

【図表7-5】損益計算書

売上高
売上原価
売上総利益
販売費及び一般管理費
営業利益
営業外収益
営業外費用
経常利益
特別利益
特別損失
税引前当期純利益
法人税，住民税及び事業税
当期純利益

最初に確認するのは，損益計算書の最上段に書かれている売上高と最下段に書かれている当期純利益の推移である。

売上高については，時系列的に見た増減額推移が重要である。おおむね増加傾向であれば，業績は好調と判断できる。

当期純利益も売上高と同様に，年々の増減額推移を確認する。当期純

利益がマイナスであれば赤字会社ということになる。一時的な赤字や赤字であっても金額が少ない場合にはそれほど問題はない。しかし赤字が多額であったり，拡大している場合には会社経営に問題があることを示している。

損益計算書は，売上高から始まり当期純利益で終わるため，過年度との比較において次の4パターンとなる。

【図表7-6】損益計算書の4パターン

	パターン1	パターン2	パターン3	パターン4
売上高	増	増	減	減
当期純利益	増	減	増	減
概要	売上も利益も増加	売上は増えたが利益は減少	売上は減ったが利益は増加	売上も利益も減少

パターン1とパターン4のように売上と利益が連動していれば，損益の状況はわかりやすい。

一方，パターン2とパターン3のように売上と利益が逆方向に動いている場合には，売上高と当期純利益の間に狭まれた売上原価，販売費及び一般管理費等の費用が増減した結果であり，個々の勘定科目を確認しながらその要因を見つけていくことになる。

損益計算書をざっと見ただけでも，疑問に感じることがある。例えば，
- 年々売上は増加しているのに，当期純利益がほぼ一定なのはなぜか。
- 営業利益の赤字が数年来続いているが，どうして事業が続けられていられるのか。
- 業種，事業規模に比べて接待交際費が多い理由は何か。
- 出張が少ない業種なのに多額の旅費交通費はおかしいのではないか。
- 特別利益に不動産売却益が計上されているが，どこの土地がいくらで売れたのか。

というような疑問である。

損益計算書で発見した疑問点については，総勘定元帳，仕訳帳を通じて確認をしていくことになる。

(2) 比率分析

貸借対照表と損益計算書は別々の計算書類であるが，両者は互いに連動している。

期末に配当金の支払等がない場合，損益計算書の当期純利益の金額が貸借対照表の利益剰余金の増加額と同額になる。

また，損益計算書に計上されている売上高の未回収額が貸借対照表の受取手形，売掛金に相当する。

したがって，貸借対照表と損益計算書の金額を相互比較することで会社の経営状況，異常点が明らかになることがある。

両者の実数を見比べた場合でも，数値の異常に気がつくこともあるが，比率で分析したほうが的確でわかりやすい。また，同種同規模の会社との比較においても容易である。

また，貸借対照表，損益計算書を単独で分析する場合でも，比率にすることで傾向が明らかになることもある。

比率分析の目的は，他社と比較して会社の立ち位置を示す場合と，対象会社について時系列で比率を算出し推移を明らかにする場合とがある。財務捜査では，対象会社について時系列で比率推移を見ることが多い。

財務捜査で使われる代表的な比率分析には，次のものがある。

① 自己資本比率

自己資本/総資産　×　100%

自己資本比率は，貸借対照表に計上されている数字間の比率であり，

資金調達の安定性を測る指標として用いられる。

　自己資本比率が高いということは，会社の資金調達のうち自己資本の割合が高く，経営安定性が高いと評価される。ただし，資金調達コストの面からいうと増資よりも負債で調達したほうが望ましいというファイナンスの考え方もある。自己資本比率が低いことが財政状態の良し悪しと直結しない場合もある。

　財務捜査の視点で考えると，経営安定性よりも自己資本比率がマイナス，つまり，債務超過であるかどうかがポイントとなる。

　債務超過は，後ほど　第11章 6.「会社倒産状況の解明」（172頁）に記すように，会社倒産状況を立証する重要な指標である。

　現時点でマイナスとなっていなくても，過去数年来の傾向で自己資本比率が次第に低下し，やがてマイナス水準に落ち込みそうな場合には，近いうちに経営危機が到来することが予想される。

② 　売上債権回転期間（日）

> 売上債権（受取手形＋売掛金＋受取手形割引高－貸倒引当金）÷（売上高÷365日）

　この計算式が意味するところは，売上債権が売上金の何日分か，つまり，売上債権が何日間で現金化されるかということである。売上が日々均等に計上されている月末締めの翌月末日払いの会社であれば，売上債権回転期間は45日になる。

　売上債権回転期間は業種によって異なる。例えば，売掛金の少ない小売店であれば回収期間は極めて短期間である。一方，企業間取引で販売代金の回収に期間を要する業態では売上債権回転期間は長期のことが多い。

　業種によって売上債権回転期間は異なるが，同一企業であればおおよ

そ取引慣行は確立しているため，この数値が大きく変動することはないはずである。

　この売上債権回転期間が長期化する要因の1つとして，得意先からの入金が遅延している場合がある。先方が資金繰りに苦慮している場合，支払を待って欲しいとの要請を受け入れざるを得ないこともある。ただし，やむを得ないこととはいえ，支払の延期を求めてくる会社の業績が大幅に改善するとは限らず，後日回収できるとは限らない。

　また，別の見方としては，粉飾で一番行われやすい架空売上の可能性である。

　売上高は，損益計算書の最上位に記載され，利益の源泉となるほか，会社の業況を示す基本の数値である。この売上の計上は，

（借方）売掛金　／　（貸方）売上高

の仕訳を1行入力することで行える。

　物品の販売であれば出荷伝票を伴うことになり，売上高の架空計上は簡単ではないが，サービス業の場合は比較的容易に行いうる。

　しかし，売上を計上するのは簡単であっても，売掛金の回収は別である。架空売上には真実の売上先がないため，売上債権が回収されずそれが売上債権回転期間の長期化につながることになる。売上債権回転期間の長期化が粉飾による可能性であることも考慮に入れる必要がある。

③　**棚卸資産回転期間**

棚卸資産　÷　（売上高÷365日）

　この計算式の意味するところは，棚卸資産が売上高の何日分であるか，つまり，何日で棚卸資産が販売されるのかということである。企業は事業を行ううえで一定の在庫を持つことになるが，この在庫の売上高に対

する保有日数である。

棚卸資産回転期間の長期化の原因は，多くの場合販売できない不良在庫の滞留である。同時に財務捜査の観点からは，架空在庫の可能性を疑うことになる。

売上総利益は，売上高から売上原価を控除して求められるが，期末商品棚卸高の金額が多いとその分原価が低下し，売上総利益が増加することとなる。つまり，売上高を操作しなくても，棚卸資産の金額を水増しすることによっても利益を膨らますことは可能である。

商品，製品，仕掛品等の棚卸資産の実在数量は，会社内部でカウントするしかないうえ，絶えず数量は変化している。このような理由から期末在庫を後日確認することは難しく，在庫の水増しが行われやすい原因となっている。

④ 支払債務回転期間

(支払手形＋買掛金) ÷ (仕入高÷365日)

支払債務回転期間を計算することで，仕入代金の支払までに要する日数を知ることができる。

仕入代金の支払は，後ろにずらせるのであればその分資金繰りは有利となる。取引において，「入金は早く，支払は遅く」が基本である。

取引先との関係で優位な立場にあれば，支払を遅くして会社の資金繰りを改善することが可能である。

常識の範囲内であれば，支払債務回転期間は長いほうが望ましいが，一方で，支払をするにも資金繰りが厳しく，払いたくても払えないということもある。このような場合にも，支払債務回転期間は長期になってしまう。

財務捜査の対象となる会社は，業績不芳の評判が立っていることが多

く，その事実の確認に用いることができる。

4．キャッシュ・フロー計算書の作成・分析

　キャッシュ・フロー計算書は，1999年に導入されて以降，現在では，会社の資金繰りを表す計算書類として会社資金の状況を解明するうえで欠かせない存在となっている。

　貸借対照表，損益計算書は，複数ある会計処理の方法から任意の方法を選択することができるため，算出される利益は会計方針によって左右されるが，キャッシュ・フロー計算書は現金・預金等の現金等価物の動きという事実を示している。そこで，貸借対照表，損益計算書分析だけでは解明できない経営実態を明らかにすることが可能となる。

　キャッシュ・フロー計算書では，資金繰りを「営業活動」「投資活動」「財務活動」に区分し，それぞれの収支状況を明らかにしている。

　ただ，前述のとおり，キャッシュ・フロー計算書は，上場企業を除き作成義務がなく，非上場会社で作成している例は多くはない。

　また，キャッシュ・フロー計算書も万全の計算書であるとは限らない。例えば，資金の動きを示すといっても，会社の帳簿に記載されている資金に限定され，仮に簿外の現預金があった場合には，キャッシュ・フロー計算書には反映されない。そのような限界にも注意しておく必要はある。

　結果的にキャッシュ・フロー計算書は，次のように読むことができる。

　【図表7-7】はキャッシュ・フロー計算書の読み方として誤りではないが，パターン5からパターン8のように営業活動によるキャッシュ・フローがマイナスとなっている場合，そもそも経営状況が悪く，損益計算書の営業利益もマイナスとなっていることが多い。

【図表7-7】キャッシュ・フロー計算書の読み方

	パターン1	パターン2	パターン3	パターン4	パターン5	パターン6	パターン7	パターン8
営業活動によるCF	+	+	+	+	−	−	−	−
投資活動によるCF	+	+	−	−	+	−	+	−
財務活動によるCF	+	−	+	−	+	+	−	−
概観	本業で資金を稼ぎつつ，投資でも資金を生んでいる。資金調達も積極的。	本業，投資で得た資金で借入金返済・配当を行っている。	本業資金に外部資金を加え，投資活動を行っている。	本業資金をもとに投資を行い，借入金返済・配当等も実施している。	本業と投資で資金が不足し，借入金等で調達している。	本業の資金不足を投資回収と借入金等で賄っている。	投資活動で本業の資金不足を解消し，借入金も返済している。	いずれの活動区分でも資金が減少し，資金を減らしながら企業活動を行っている。

> 財務捜査のキソチシキ

黒字倒産

　キャッシュ・フロー計算書の利点は，利益とキャッシュを区別して分析できる点にある。その点，黒字倒産の分析には有用である。

　黒字倒産とは，損益計算書上は黒字であるが，入金遅延等により売上金の回収前に債務支払が発生し，資金不足により倒産に至るものである。

　この場合，損益計算書の営業利益は黒字であるのに対し，キャッシュ・フロー計算書の営業活動によるキャッシュ・フローはマイナスとなり，相互を比較することで黒字倒産の解明に至ることになる。

　このようにキャッシュ・フロー計算書の活用機会は多いが，一方で売上債権回転期間を見ることで，黒字倒産を疑うことも可能なこともあり，作成の労力と現在ある資料の活用というバランスが必要になる。

5．資金繰り表の分析

　貸借対照表，損益計算書等，外部に向けた資料を作成する会計分野は財務会計といわれるのに対し，社内での使用を目的とした資金繰り表は管理会計と称される。管理会計は会社の必要に応じて行われるものであり，作成義務も定められたルールもあるわけではない。

　ただし，資金のやり繰りは，会社の存続に大きくかかわってくる事項であり，ある程度の規模の会社であれば，資金繰り表あるいは資金計画表を作成していることが多い。

　会社の資金サイクルには，通常，売上金の入金，給与・経費の支払，税金の納付等に一定の動きがある。

　資金繰り表は，これらの支払に備えるため，日付，支払先，金額を一覧表に作成した計算書であり，現在ではパソコンで作成することが多い。資金繰りに決まった様式があるわけではないため，会社によってフォームは異なる。おおむね，売上金の入金，人件費，経費等の支払予定が日次または月次で一覧表となっていることが多い。

　資金繰りが厳しい会社の場合には，一部取引先等に対して支払の延期を求めることもある。

　その場合，当初の資金繰り表のほか，修正した資金繰り表が作成され，相互に見比べることで資金のやり繰りの実態が判明することもある。

財務捜査のキソチシキ

資金繰りを巡る殺人事件

　ある殺人事件の捜査班から「被疑者の供述内容が理解できない。財務捜査で確認して欲しい」との要請を受けたことがある。

　被疑者は従業員の立場から独立し，カスタムオーダーメイドの自動車店

を立ち上げたばかりの個人事業主で，顧客と販売代金を巡ってトラブルになっていたとのことであった。

オーダーメイドに必要な材料費よりも売価が高く利益も確保できているのに，なぜ資金不足になったのかという質問であった。

開業当初は信用がないため材料は現金で仕入れなくてはならない。一方顧客に自動車を引き渡すまで売上金の入金はない。いくら計算上利益があっても現金が入ってくるまでには時間差が生じることになる。それだけでも資金繰りは厳しいのに，顧客がオーダーした自動車の品質に満足せず，支払を巡り両者で対立があったことが原因であった。

利益と資金は別であることを象徴する事件であった。

この章のまとめ

- 決算書は，会社の経営状況を概観するための資料として重要である。
- 決算書の分析は，趨勢を確認するため，5期程度の期間があると望ましい。
- 分析方法には，実数分析，比率分析があり，その変化に着目することが重要である。
- 比率分析には，売上債権回転期間，棚卸資産回転期間，支払債務回転期間等がある。
- キャッシュ・フロー計算書は資金の動きを客観的に示しているが，上場企業でしか作成義務はなく活用場面が限られる。
- 管理資料である資金繰り表により資金の実態を知ることもできる。

第8章

預金・現金，証憑書類の捜査

1．預金捜査

　預金捜査は，財務捜査の基本である。預金口座を把握し，その内容を分析するだけでも，相当程度の財務捜査を進めることができる。

(1)　預金口座の把握

①　法　人

　法人であれば，業態を問わず主要取引は預金口座を通じて行われる。現金販売が中心の法人であっても，売上金を定期的に入金するための口座が存在するのが普通である。

　会社が有する預金口座は，法人税確定申告書に添付されている勘定科目内訳明細書にすべての金融機関，口座番号および期末残高が記されている。勘定科目内訳明細書に記載がない預金口座は簿外口座と考えられる。

　一覧表に記載がありながらも見逃しやすいのは，過去の期末残高をさかのぼってもほとんど動きがない不活動預金である。かつて銀行との付き合いで作成した預金の中には，決算書の預金残高が数百円程度で推移

し，使用されていないように見える口座がある。このような口座は，チェックが行き届かないこともあることを利用して，不正取引に使われやすい。

なお，財務捜査の初期段階で確定申告書が入手できていない時点では，取引があると思われる銀行に対し，預金口座開設の有無について調査を依頼することになる。

財務捜査のキソチシキ

不活動預金を利用した横領事件

勘定科目内訳明細書を過去数年にさかのぼってみても，残高が数百円程度で変化のない預金口座が存在することがある。

今後，利用する可能性は低いとはいえ，解約をする手続が遅れ，放置されている口座である。

このような口座であっても，残高証明書は取得され帳簿との照合がされているのが通常であるが，預金取引明細まで確認されていないことがある。

これを利用して得意先から不活動預金口座に売上金を入金させ，入金されたその日のうちに全額を引き出して横領するという事案もあった。会社名義の正規な口座であり，得意先は振込先として何の疑問も抱くことはない。使われていない口座と認識され，税理士のチェックもされなかったようである。

不正防止の観点からは，普段使用されていない預金口座であれば，解約するのが望ましい。

---

② **個　人**

個人の場合には，法人のように勘定科目内訳明細書があるわけではない。そこで，給与，年金の入金がされる口座を中心に預金口座を把握することになる。預金口座は，住居地周辺の金融機関に開設されているこ

とが一般的である。

　社内調査には強制力がないため，調査対象者から通帳，預金取引明細の提出を促すことになる。弁護士が関与している事件では，弁護士照会制度の利用も検討できよう。

　社内調査で本人から預金通帳の提出を受けているのに，その内容が十分点検されていないこともしばしば見受けられるところである。子細に確認すると，他口座への振替，証券会社との取引などが記載されているのに，これらが見落とされているケースも多い。口座については，本人も失念していることがある。提出された資料を十分に確認し他口座の存在も意識しないと漏れが生じてしまうおそれがある。

財務捜査のキソチシキ

行政機関からの預金照会

　令和元年11月に公表された「金融機関×行政機関のデジタル化に向けた取組の方向性とりまとめ」資料によると，行政機関が発出する金融機関に対する照会文書は年間6,000万件に達しているとのことである。

　照会元としては，概数で，地方税関係が6割弱，国税関係が1割，その他生活保護，国民健康保険，警察等となっている。

　このように，行政機関においても預金口座の把握が広く行われていることがわかる。

　なお，国税庁では令和3年10月から金融機関に対するオンライン照会を行っており，事務の省力化，税務調査の効率化に役立っているとのことである。

(2) 取引明細の確認

　銀行口座の開設が判明したら，次に預金取引明細を入手する。

金融機関における預金取引明細の保存期間は最大10年である。

照会対象期間については，捜査の内容に合わせて適宜検討する。基本的には，不正行為の時期を中心に前後若干広めに取ることが必要である。会社を舞台とした不正の場合，実行者は最初から不正をするつもりで就職，就任することは稀である。何かのきっかけで不正を始めることが普通であり，不正開始前と不正開始後の対比をするうえでも，少し前の時期から資料があると事件を浮き彫りにしやすいといえる。

- 財務捜査のキソチシキ -

「横目調査」の妥当性

かつて大物政治家の脱税事件捜査では，税務当局が「横目」といわれる手法で口座を解明したといわれている。横目とは，本来の捜査対象者以外の銀行口座を調査する方法で，銀行等に対し，調査の本命を悟られないための手法である。

この横目調査に関し，税務職員が銀行店舗で別件脱税事件を調査中，多額の馬券の払戻金がある本件預金口座を発見し，その資料を持ち帰り脱税事件として摘発した事案があった。別件脱税事件の照会対象に含まれていなかった預金口座を調査したことについて判決では「別件犯則事件の調査については，その対象範囲の絞り込みが不十分であった疑いは否定できず」として「違法の疑いが残る」としている。

脱税に関する所得税法違反については有罪となっているが，捜査，調査の手法について適正さを十分確保する必要がある（平成30年5月9日大阪地方裁判所判決）。

(3) 会計帳簿との突合（法人）

預金取引明細が入手できたら，最初に行うのは銀行取引の動きと会計帳簿の動きの一致確認である。総勘定元帳の預金勘定または補助元帳を

探し，銀行の取引明細に記載されている取引と帳簿の出入金の動きが一致するかを確認することである。

ここで預金取引明細の動きと帳簿の記載に大きな差異がある場合には，不自然であり不正が疑われる。

預金取引と帳簿の動きが一致していることが照合できたら，預金の相手科目および摘要欄から取引内容を確認していく。

預金取引明細は銀行の記録であり，客観性は確実である。ただし，その内容まではわからない。預金取引明細を基に総勘定元帳，仕訳帳等を対照することで入出金の理由が判明することになる。

(4) 預金取引の精査（個人）

個人の預金取引明細は，比較的単純であり読解はそれほど困難ではない。しかし，法人と異なり会計帳簿，証憑書類がないため取引内容が見えにくいともいえる。

分析方法については，第11章２.「家計の解明」（152頁）に具体的に記すが，その前に，預金取引明細を詳細に確認しておく。以下サンプルを使って記すと，預金取引明細から次のようなことが判明する。

【図表8-1】預金取引明細

No.	日付	出金	入金	残高	摘要
1	R06/10/25		321,859	324,159	給与
2	R06/10/25	170,000		154,159	CD 1234 001
3	R06/10/25	110		154,049	テスウリョウ
4	R06/10/31		520,000	674,049	
5	R06/10/31	650,000		24,049	フリコミ
6	R06/10/31	880		23,169	テスウリョウ
7	R06/11/05	22,000		1,169	カシキンコ
8	R06/11/10	15,000		−13,831	○○電力

9	R06/11/16		20,000	6,169	CK18ヒ
10	R06/11/17		100,000	106,169	(起算日06-11-16)
11	R06/11/18	85,123		21,046	ローン
12	R06/11/21	17,021		4,025	クレジット

① 給与の入金であるが，給与入金前の口座残高が3,200円程度しかなかったことがわかる。

② CD（キャッシュディスペンサー）に続く4桁は銀行コード，3桁は支店コードである。銀行コード，支店コードは全国銀行協会のホームページ等で調べることが可能であり，これにより取引場所が判明する。なお，店舗名は機械を管理している店舗であり，店舗外機の可能性もある。

③ 他行CD利用による手数料である。手数料は時間外取引の推察につながることもある。

④ 摘要欄に記載がない場合，口座開設店での窓口入金である。

⑤ フリコミとしか記載がないため送金先は銀行に調査を依頼することになる。この者の給与水準，預金残高からすると高額取引である。過去の取引を見ても同種取引がない場合，異例な取引として確認すべきである。

⑥ 880円の振込手数料であるから，窓口利用であろう。

⑦ 貸金庫には重要物品が保管されている可能性が高い。

⑧ 普通預金残高がマイナスであるため，当座貸越の利用であり，担保定期預金が別途あると思われる。

⑨ CKはチェックの略であり，手形，小切手などの証券類である。それに続くヒ（日）は，現金として出金できる資金化日を示す。

⑩ 起算日取引は，その起算日に取引が行われている。

ところで，この者の口座には10月31日に続いて現金入金が行われている点に注意が必要である。サラリーマン，公務員の給与口座に現金

が入金されるというのは一般的ではない。

給与口座から現金を引き出し，他口座へ入金することはあっても，給与口座へ現金入金することはあまりない。

この対象者は経済状況が厳しいと見られ，入金原資が消費者金融等からの借入であることが考えられるほか，公務員であった場合，賄賂金の可能性もある。

⑪ 住宅ローンと思われる。自宅の不動産登記簿との照合を行う。また，ローン残高について確認をすることで債務残高が判明する。

住宅ローンの延滞は経済逼迫を示す顕著な例である。ローン返済日は毎月一定であるから，過去の取引記録を可能な限り調べ，毎月同一日に必ず引き落としがされているのか確認を行う。銀行休業日を考慮に入れても引落し日が飛んでいる場合，延滞が疑われる。

⑫ この事例では，クレジットカードの利用代金は少ないが，多額の場合には利用について確認を要する。

なお，上記のほかにも預金口座の精査により，証券取引，生命保険の加入等が判明することもある。

また，今回のサンプルは1カ月分であるが，過去数年分をさかのぼると，取引内容，取引金額，口座残高の推移等から経済状況の変化が見えてくる。

(5) 取引入力

法人，個人を問わず預金口座を分析するには，エクセル等に預金取引データを入力しておくと良い。

個人口座であれば口座数も少なく，入力をする必要性はないかもしれないが，一覧性が向上し異常数値の発見がしやすくなる。

入力方法は，インターネットバンキングのデータをインポートする，

通帳をスキャンしてOCRでデータ化する,手入力するなどがある。

入力に当たっては,日付,出金額,入金額,残高,摘要,口座番号などの欄を設け,取引時刻についても記載があれば欄を作成しておくと動きがわかりやすい。また,細かい点であるが,入力したデータは1番から番号を振っておく。これにより,データを金額順等に並び替えて当初の順番が崩れた場合でも元の並び順に戻すことができる。

また,1つのシートに複数の口座を入力すると分析,加工が難しくなるので,1口座1シートで作成し,必要があれば複数シートを合体させるのが便利である。

【図表8-1】の分析で示した資料の場合,全体的に【図表8-2】のような入力フォームとなる。なお,入力方法がインターネットバンキングからのインポート以外の場合,少なくとも残高については,当初残高から入出金額を加減算して検算を行い,入力ミスがないか確実にチェックをしておく。

【図表8-2】

	A	B	C	D	E	F	G	H	I	J	K
1	No.	日付	出金	入金	残高	摘要	銀行名	種別	口座番号	名義	備考
2	1	R06/10/25		321,859	324,159	給与	ABC銀行浦和支店	普通	1234567	川口太郎	
3	2	R06/10/25	170,000		154,159	CD 1234 001	ABC銀行浦和支店	普通	1234567	川口太郎	
4	3	R06/10/25	110		154,049	テスウリョウ	ABC銀行浦和支店	普通	1234567	川口太郎	
5	4	R06/10/31		520,000	674,049		ABC銀行浦和支店	普通	1234567	川口太郎	
6	5	R06/10/31	650,000		24,049	フリコミ	ABC銀行浦和支店	普通	1234567	川口太郎	
7	6	R06/10/31	880		23,169	テスウリョウ	ABC銀行浦和支店	普通	1234567	川口太郎	
8	7	R06/11/05	22,000		1,169	カシキンコ	ABC銀行浦和支店	普通	1234567	川口太郎	
9	8	R06/11/10	15,000		-13,831	○○電力	ABC銀行浦和支店	普通	1234567	川口太郎	
10	9	R06/11/16		20,000	6,169	CK18ヒ	ABC銀行浦和支店	普通	1234567	川口太郎	
11	10	R06/11/17		100,000	106,169	(起算日06-11-16)	ABC銀行浦和支店	普通	1234567	川口太郎	
12	11	R06/11/18	85,123		21,046	ローン	ABC銀行浦和支店	普通	1234567	川口太郎	
13	12	R06/11/21	17,021		4,025	クレジット	ABC銀行浦和支店	普通	1234567	川口太郎	

(6) その他の照会

① 仕向送金

仕向送金とはある銀行から見て，他の銀行に対する送金である。預金取引明細には，振込先が記されていることもあるが，中には「送金」「振込」としか書かれていないこともある。この場合には，銀行に調査依頼をすることで振込先口座が判明する。

② 被仕向送金

仕向送金とは逆に，他行から振込を受けた送金である。

現在，ATMを利用した現金送金は，10万円未満に限られている。したがって，10万円以上の送金は，キャッシュカードを利用したATM振込，インターネットバンキングを利用しての振込，銀行窓口での振込等により行うことになる。そのため，10万円以上の振込については，振込人の口座確認，本人確認が実施されていることになる。

注意すべき点は，被仕向送金において振込人の氏名を変更できるということである。通常は振込人名を変更することは少なく，あったとしても親の口座から子の学費を支払うときに振込人名を子の名に変更するなどの必要性からである。

しかし中には悪意をもって振込人名を変更することもある。計画的な不正事案の場合には，振込名義人の変更がされていないかについても確認をする必要が出てくる。

財務捜査のキソチシキ
一流企業を装った振込人の偽装

　振込送金するときに振込人の名前を変更できることを利用して，一流企業の名称で振込を行い，その通帳を見せる手口で相手を信用させることもある。
　Ａ銀行からＢ銀行に送金する際に一流企業の名前で振り込み，Ｂ銀行で出金し，これを再度Ａ銀行からＢ銀行に送金を行う。これを定期的に行えば不信感をもたれずに信用力を創造することができてしまう。このような手口で銀行を信用させた融資詐欺事件も実際に発生している。
　組織性，計画性が高い事案の場合，振込人については念のため真の振込人を確認する慎重さも必要である。

2．現金勘定の分析

　現金取引は，預金取引と異なり，客観的な裏付けがない。
　したがって，現金の元帳のとおりに資金が移動したかどうかは，それだけでは客観的に示すことはできない。
　信頼性の高い現金勘定の特徴は，

- 確認時点において現金有高と帳簿残高が一致している
- 現金入出金に対応する証憑書類が存在する
- 日々終業時点で金種表の作成がある
- 会社の規模，取引の状況に照らし適正な現金残高推移となっている

といったものである。
　一方，信頼性の低い現金勘定は，

- 確認時点において現金有高と帳簿残高が一致していない

- 帳簿に対応する現金が保管されている金庫とは別に金庫がある
- 現金勘定の残高がマイナスとなっている箇所がある
- 証憑書類が一部存在しない
- 会社の規模,取引の状況に照らして過大な現金残高が記載されている
- 近日中に支払予定がなく現金保有残高が多いにもかかわらず,預金口座から現金を引き出している
- 入出金の理由として仮払金,役員借入金,役員貸付金の頻度が高い

ことがある。

　信頼性が低い場合,現金管理者から実態の聴取,裏帳簿の確認等を通じ,実際の現金出し入れを解明していくことになる。

　不確かな現金元帳をもとに資金の移動状況を特定した場合,実態を示していない可能性を払拭できない。〇月〇日に現金で支払ったとの記載があっても,安易に信用することは危険である。

　基本的に現金勘定で確実な取引は証憑書類と突合が可能なものに限られる。

　一方,現金に関しては,仕訳帳,総勘定元帳のほかに手書きで金銭出納帳が作成されていることがある。例えば,会計伝票の入力を会計事務所等に依頼している場合,現金の総勘定元帳が作成されるまでタイムラグが生じるため,手元現金の管理に備忘録として手書きで現金出納帳を作成するといった場合である。

　このような金銭出納帳,メモ類がある場合には,その信用性を合わせて調べる必要がある。

3．証憑書類との突合

　預金取引,現金取引とも証憑書類が添付されるのが基本である。会計帳簿と対比させることで取引の実在性が確認できる。

　一部,領収書が発行されない慶弔費,交通費等はあるものの,これら

の費用で多額の不正支出をすることは困難である。

　取引の実在性については，取引の1件1件について，現金，預金の元帳と証憑書類を突合していくことになるが，そもそも証憑書類が偽造されている場合には，形式だけのチェックとなってしまう。

　領収書・請求書の中で不自然に感じる書類に不正が隠れていることは実際多い。次のような証憑書類には注意が必要である。

(1) 市販用紙を利用している場合

　一般に会社が発行する請求書，領収書は，会社の専用書式，あるいは販売管理ソフトを用い会社のロゴ等を入れて作成されている。

　もちろん文具店で販売されている市販用紙であっても法的には問題はないが，一般的ではない。

　特に高額取引において文具店で購入できる市販用紙を使用する例は少ない。

(2) 手書きの書類

　前記(1)と関連し，現在の会計処理はコンピュータで行われるのが一般的である。

　販売管理ソフトで請求書を作成すると同時に売上，売掛金の仕訳が起きるようになっていることが多い。

　ある程度の規模の会社で手書きの書類が作成されることは実務上少なく，不自然である。

(3) インボイス番号がない書類

　令和5年10月にインボイス制度が導入され，消費税の仕入税額控除を行うには原則として適格請求書等の保存が必要となっている。

　これに伴い企業向け取引をしている会社の多くは，Tから始まる数字

13桁のインボイス番号を取得し，これを請求書等に記載していることが普通である。

(4) 計算が合わない書類

事例としては少ないが，明細書の合計額，消費税額が一致しない領収書，請求書が見つかることがある。

当然不正が隠されている可能性が高い。

正規な取引であれば，請求側，受領側相互でチェックをするため誤りがあれば修正がされるはずである。

このような計算が合わない書類が発生するのは，不正取引のために書類点検にまで注意が及ばないためである。

(5) 遠隔地の取引先

事業内容，取引内容にもよるが，継続取引先，特別な商品以外の汎用品を遠隔地の取引先から購入することは不自然である。

取引に合理性がないと認められる場合には，商業登記簿謄本（履歴事項全部証明書）の取得，ストリートビューでの確認，担当者からの聴取等により実在性を確認しても良い。

(6) 「一式」となっている書類

機械類，ソフトウェア，請負工事については「一式」請求書もありうるが，商品，製品の販売について一式という記載は一般的ではない。

領収書の但し書についても同様である。

このような具体的取引内容が記載されていない書類には注意を要する。

(7) 収入印紙の貼付，消印のない領収書

記載金額5万円以上の領収書については，原則として収入印紙の貼付

および消印が必要である。

印紙のない領収書も，不自然な取引として浮上することになる。

なお，所轄税務署長の承認を受けて印紙税を申告納付している場合には，文書にその旨の記載がされている。

(8) 折り目のついた領収書

飲食店の一部には，客の求めに応じて白紙領収書を渡すところもある。金額未記入の市販の領収書に店舗のゴム印と発行者印を押し，これを客に交付するというものである。客は，自由に金額を書くことができる。

このような白紙領収書は複数枚渡されることがあり，財布に入れた時点で折り目がついてしまうことがある。

日付が大きく異なるのに，同一個所に折り目が付いている領収書は不自然である。

また，そもそもの話として，折り目の有無にかかわらず複写式でない手書きの領収書については，注意を払うべきである。

この章のまとめ

- 預金・現金の捜査は，財務捜査の基本である。
- 会社，個人を問わず預金口座を通して資金のやりとりが行われるため，預金口座の把握，分析は必須である。
- 現金勘定は信用性に乏しいことがある。証憑書類のない支出は実在性に注意が必要である。
- 証憑書類がある場合でも，実際に取引があったか疑わしいこともある。入出金取引との突合は形式で行うのではなく，不自然さを感じたらさらに詳細な確認を進めていく。

第9章

その他勘定科目の分析

　現金預金以外の勘定科目に不正が内在していることもある。特に不正に使用されやすい科目として，次のものがある。

1．売掛金

　売掛金は，架空売上の際の相手科目として用いられることの多い勘定科目である（架空売上については，下記7．「売上」を参照）。
　また，正規の売上であっても，売掛先の業況悪化に伴い回収が困難となり，資産の部に計上されている場合でも実質的価値がないこともある。
　商品等を販売した場合，所定の締切日で請求書を発行し，その翌月等に入金がされるのが通常であり，1年以上入金がされないことは基本的にありえない。法人税基本通達においても，1年以上入金がない売掛金について，一定条件の下で貸倒れ処理を認めていることもその表れである。
　勘定科目内訳明細書の売掛金一覧のうち，過去数年にわたりほぼ同額が計上されている場合には，実質的に回収不能とみるのが妥当である。

2．貸付金

　貸付金とは，取引先等に対して金銭を貸し付けている場合のその債権額である。
　勘定科目の意味合いはそのとおりであるが，基本的に事業会社がグループ会社以外の会社に貸付をすること自体不自然である。
　というのは，本来資金が不足する会社は，銀行借入等により資金調達を図るのが一般的であり，それができないというのは金融機関からの借入が困難であるとか，特別な事情が存在しなくてはならないからである。
　貸付金についても，売掛金同様に，数年間にわたりほぼ同額の残高で推移している場合，実質的に回収不能となっている可能性が高い。
　また，貸付金については，金銭消費貸借契約書の締結，受取利息の計上がされることになる。これらが存在しない貸付については，形式上貸付金として処理されているだけの可能性がある。

3．役員貸付金

　役員貸付金とは，貸付金のうち役員に対するものである。会社によっては役員貸付金も，貸付金に含めていることがある。
　日本の中小企業では，代表者が100％株式を保有していることが多い。また，個人事業から法人成りするケースも多く，個人の財布と会社の資金は同じだと考える傾向にある。
　社長が会社の資金を自己の口座に移せるのは，基本的に役員報酬または配当金として受け取る以外にない。
　役員報酬の額は定款または株主総会の決議によって決定されるが，税務上損金として認められるのは，役員報酬として過大でないことという条件の下，定期同額給与，事前確定届出給与，業績連動給与（上場企業の場合）に限定されているため，多くの会社では税法の規定に従ってい

る。

　また，会社が配当金を支払うには，会社の純資産額が300万円以上，かつ，分配可能利益が存在することが必要となる。配当金については，会社側で費用として計上できないため，税制上も不利であり，非上場会社で配当金を支払うことは一般的ではない。

　そのため，会社の資金を適宜自己の用途に使うときに用いられるのが「役員貸付金」勘定である。

　役員貸付金残高推移が数年間同額または増額傾向にある場合には，実質的に役員に対する資金提供であり，貸付金の実態がないと見るべきである。

　なお，役員貸付金とは反対に会社が役員から借り入れる「役員借入金」は，社長が会社に私財を投じていることであり，多額でなければ大きな問題とはならない。

4．仮払金

　仮払金は，表立って書くことができない支払に用いられやすい勘定科目の代表である。

　仮払金が不正支出に多く用いられる理由は，次の点にある。

(1)　仮払時に領収書が不要なこと

　本来，仮払金勘定は，会社経費の概算払いであり，後日精算が行われるべき支出に使われる。

　例えば，遠隔地への長期に及ぶ出張，現金払いの店での多人数での飲食等について，個人が立て替えておくには負担が大きいことがある。このような場合，会社が仮払金として先に従業員等に現金を渡し，後日出張等の用務終了後に領収書を添えて精算が行われることになる。

　仮払金は，出金時に領収書が不要な点で不正支出に使われやすい。支

払がされた後は領収書を添付して精算を行うことになるが，精算の引き延ばしや他の領収書を代わりに添付することも可能である。

会社からとり急ぎ現金を引き出すには使い勝手が良いのである。

(2) 万円単位のラウンド数字が不自然でないこと

通常の現金取引は，消費税が付されるなどして1円単位の取引になることが多い。

商品販売に見せかけて万円単位の不正支出を行った場合，その取引だけが他の取引と比べ突出してしまうことになる。

仮払金の支払は通常ラウンド数字で行われるため，異例な取引であっても数字的に目立たないことになる。

(3) 相手科目として使いやすい

会社から不正に資金を引き出し，これを帳簿に記載する場合，現金・預金の相手となる借方科目が必要となる。

借方科目を費用勘定とした場合，請求書，領収書等支払の根拠が必要になり，不正支出の相手科目として利用するのは難しい。

借方を資産勘定にすることも可能ではあるが，その場合費用勘定よりも面倒となる。貸付金とした場合，契約書の作成，受取利息の計上をしなくてはならない。また，有形固定資産の取得とするのも不適である。

以上の理由から，支出時に領収書等が不要で，ラウンド数字であり，かつ，ある程度の金額が支出できる仮払金は非常に使い勝手が良いことになる。

経理処理が適正に行われている会社であれば，仮払金の精算は短期間のうちに行われ，精算後の仮払金残高はゼロになっているはずである。

一方，仮払金の精算がルーズであり，中には，決算書に多額の仮払金

勘定が計上されていることもある。

　仮払金は短期間のうちに精算が行われるべき支出であり，長期にわたり未精算ということは本来ありえない。また，決算期付近の支出であっても，決算手続は通常2カ月の時間的余裕があるため，その間に精算が完了するのが通常である。

　仮払金の未精算額が多額のまま決算を迎えた場合，仮払金を消すために決算整理仕訳において役員貸付金，営業外費用に振り替える等の処理が行われることもある。

5．建設仮勘定

　建設仮勘定とは，自社の建物，構築物などの建設にあたり，完成前に支出される金額をいう。建設仮勘定の対象となった工事は，完成引渡時に，建物，構築物等の固定資産科目に振り替えられることになる。

　建設仮勘定は，建設途上であることを示す勘定科目であるため，外部から確認がしにくい。これに乗じて表面化できない資金を建設仮勘定で処理する事例も見られる。

　建設仮勘定が不正支出の相手科目に用いられるもう1つの理由は，金額が多額であっても不自然でない点である。

　仮払金で支出をするにも，数十万，数百万円となると，仮払いの域を越えてしまう。しかし，建設仮勘定であれば工事代金として多額であっても違和感がないことになる。

　特に店舗数が拡大途上にある小売店や飲食店の場合，店舗の取得，改装の金額が大きく，不正支出の相手科目に使われやすい。

　建設仮勘定で支出するには，支払先の請求書等が必要となるが，一般に施主は工事業者に対し強い立場にあり，これを利用して虚偽の請求書を作成させることも見られる。

6. その他の固定資産勘定

　建設仮勘定同様に，機械装置，器具備品等の固定資産勘定も不正支出の勘定科目として用いられることがある。

　固定資産を取得したとして架空計上した場合でも固定資産台帳への記載は必要となるが，特殊用途に使われる機械装置，同種の資産が多数組み合わされて使用される器具備品については，実在性の確認が難しいこともある。

　架空計上された固定資産は耐用年数にわたり減価償却の手続を経て費用化されることになる。

7. 売　上

　売上高は企業利益の源泉であり，損益の基本となる。企業の粉飾事件の多くは架空売上，売上高の水増しによって行われる。

　売上高は損益計算書項目であり，一会計期間ごとにリセットされる。そのため，一度架空売上を計上した場合，その翌年以降も架空売上を継続計上せざるを得ず，その金額は徐々に膨らむことになる。

　もともと架空売上を計上する会社には，実際には売上高は低下しているにもかかわらず売上高が増加しているように装う動機が存在している。そのような状況で，今年の売上高を架空計上した場合，翌年の売上目標額は今年の架空計上後の金額が基準となる。そこで翌年はさらに架空計上額を増やす必要が生じる。このように架空額は年々増加していくことになる。

(1) 架空売上

　今述べたとおり，売上高は会計年度ごとにリセットされ，これが翌期に繰り越されるものではない。不正の発見という点では売上高単独で見

るだけでは不自然さがわかりにくい。

そこで売上高と貸借対照表に計上されている受取手形・売掛金といった売上債権との比率を用いることが不正を見つけるうえで効果的である。

売上債権回転期間が長期化している場合，売上として計上された金額が回収されていないことになり，架空売上が疑われる。

会社が単独で架空売上を計上した場合の粉飾事案の解明は比較的容易である。ある会社の売上は他方の会社の仕入であり，会計帳簿に記載されている売上に対応する取引が相手先の会社に仕入として存在するか否かを確認すれば良い。同じことではあるが，売上を計上した会社の売掛金残高と相手先会社の買掛金残高が一致するかで確認することもできる。ただ，海外企業に対する販売の場合，国内企業のように簡単に確認が取れるわけではない。

単純な架空売上の場合，相手先に確認すれば露見してしまうため，次の循環取引がとられることがある。

(2) 循環取引

循環取引は，架空売上の一種であるが取引先と共謀がある点で大きく異なっている。

循環取引とは，A社，B社，C社等複数の会社が共謀し，A社がB社に，B社がC社に，C社がA社に商品を販売したように装い売上を計上する手口である。A社から出荷された商品が再びA社に戻るのが特徴である。

循環取引は商品の移動を伴うことが基本であるが，中には帳簿上商品を移動させるだけの「帳合い取引」が行われることもある。

循環取引でない架空売上の場合，A社の売上高（売掛金）とB社の仕入高（買掛金）は相違することになるが，循環取引では相互に金額差異が生じず不正の発見が難しくなる。

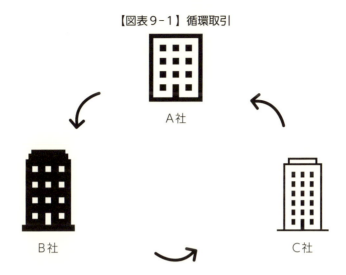

【図表9-1】循環取引

　また，回転期間等の比率分析で顕著な異常が生じるとは限らない点も発覚しにくい理由の1つである。

　ただ，循環取引では後日商品の買い戻しが生じるため，通常商品に比べ低い利益率を設定せざるを得ず，売上の増加に対して利益の伸びが小さいという傾向が見られることもある。また，回転期間についても長期の数値で見た場合，過去のトレンドと異なる動きになることもあり，その点で不正を疑うことも可能である。

　循環取引に加わる会社はそれぞれ売上高を架空計上する動機，つまり，販売が思わしくない等の事情がある。また，循環取引も繰り返していくうちに「仕入」代金が増加しその支払が難しくなってくる。循環取引に加入している1社の倒産が連鎖倒産となり不正の発覚につながることもある。

(3)　工事進行基準を利用した架空売上

　工事進行基準とは，長期大規模工事でとられる売上高の計上基準であ

る。

　工事進行基準では，工事進捗度から売上を計上するが，工事の進捗度は後日検証することが困難である。

　工事進行基準を使った不正としては，工事進捗度を実際よりも進んでいるようにする方法，原価を低めに設定することで利益を水増しする方法などがある。

8．支払リース料

　リース契約については，支払リース料とリース契約内容を対比させることが必要である。

　リース契約の不正とは，
- 1つの物品に2件以上のリース契約を締結する二重リース
- 存在しない物品にリース契約を行う架空リース

がよく見られる。

　これについては，リース契約台帳の提出を受け，リース料との照合を行い，二重リース，架空リースの有無を確認することになる。

この章のまとめ

- 現金，預金以外に不正に使われやすい勘定科目に売掛金，貸付金，仮払金等がある。
- 「貸付金」といった勘定科目について，簿記的な意味に加えて，その会社になぜその勘定科目があるのかという疑問を感じることも必要である。
- 仮払金勘定は領収書なしに現金を引き出せる点で不正に使われやすい。
- 架空売上は，相手会社の仕入を確認されることで発覚するため，循環取引を行うこともある。
- 結局，金額が大きい勘定科目については，取引内容を詳細に確認し不正を発見することになる。

第10章

罪名別財務捜査

　この章では，罪名に沿った財務捜査の実際を説明する。財務捜査が行われる代表的な事案には，詐欺，業務上横領，背任，特別背任，贈収賄事件がある。
　また，強盗殺人，保険金目的の殺人事件でも財務捜査が活用されている。

1．詐欺事案

> （詐欺）
> 第246条　人を欺いて財物を交付させた者は，十年以下の懲役に処する。
> 2　前項の方法により，財産上不法の利益を得，又は他人にこれを得させた者も，同項と同様とする。

(1) 詐欺罪の成立要件

　詐欺罪の構成要件，つまり犯罪が成立する要件としては，
　① 　人を欺くこと
　② 　その結果相手が錯誤に陥ること

③　被害者からの交付行為

④　財物・給付の移転

の4点がある。

　詐欺罪が成立するには，欺罔→錯誤→交付行為→財物等の移転という流れがあり，また，この一連の動きは因果関係があることが必要とされる。

　そのため，欺罔があったとしても相手の判断を誤らせるには至らない軽微な程度であれば，詐欺罪の適用は難しいことになる。例えば，虚偽の決算書を銀行に提示しこれを基に融資を受けたとしても，虚偽部分が小さく，これによって錯誤に陥ったのでなければ詐欺とするには難しい。

　また，刑法の個々の条文には記されていないが，犯罪の成立には犯行時において犯意，つまり，詐欺の場合であれば騙す意思が必要である。この犯意は犯行時に問われるものであり，その後に生じた事情により債務が履行できなかったとしても詐欺罪に問うことはできない。例えば，銀行被害の融資詐欺が疑われる場合，申込みをした時点で返済する意思がなければ詐欺罪の適用は可能であるが，申込みを行った後の事情で返済ができなくなったとしても詐欺罪には該当しない。

　詐欺罪において財務捜査が必要とされる場面は，欺罔行為と錯誤の間に因果関係があったこと，および，欺罔時において支払意思がなかったことの立証である。

　ただ，支払の意思というのは内心であり，これを外から見ることはできない。そこで財務捜査では，通常，支払能力がないことをもって，支払の意思がなかったことを立証していくことになる。支払う意思を抱くには，支払能力が前提となるためである。支払に必要な資金が存在せず，将来も入金の見込みがなければ，支払うつもりはなかったと認められることになろう。支払意思については争点になりやすい。見えない内心を財務捜査で立証していくことになる。

(2) 詐欺の類型

一口に詐欺といっても騙す方法や相手によっていくつかのパターンがある。詐欺事件のうち財務捜査で扱うことの多い事例としては，次のものがある。

① 投資詐欺
　a．初期判断

投資詐欺の典型は，真実は投資家等から集めた資金で投資をするつもりがないにもかかわらず，投資を行うように嘘をいい，金銭を詐取する事例である。

財務捜査では，まず，入金された資金を追い，これが申し向けられた内容に投じられているかを確認し，事件判断を始めるのが基本である。

例えば「養殖事業に投資をすれば利益が得られる」と申し向けて資金を集めたにもかかわらず，養殖事業に資金が投じられていない場合，欺罔行為が成立する可能性が高いと判断できる。

およそ実現が不可能な高利回り，高配当を謳う投資の場合，そもそもその事業に資金が投じられていない事例が多くみられる。

過去にも，フィリピンのエビ養殖事業名目で多数の投資家から資金を集めながら，実際には何の投資もしていなかったという典型的な詐欺事案があった。

このような事案であれば詐欺性は強いと考えられるが，これだけをもって詐欺罪が成立するとは判断できない。

投資者の多くは，高配当を期待して資金を出したのであって，その投資先について高い関心を払っていないこともある。仮に当初約した投資先に投資していなかったとしても，高配当が期待できる別の投資先に資金が振り向けられている場合には，詐欺とまではいえないこともある。

b．財務捜査の進め方

　投資詐欺においては，当初から騙す意思があったことは容易に推察される。そもそもそのような高配当が期待できる経済環境にないこと，また，執拗な勧誘，紹介コミッション制度の導入のほか，有名人の起用，高級会場での説明会等は，投資家を信用させる典型的な手口である。

　しかし，そのような事実を積み上げたとしても，詐欺であることの証明にはならない。

　投資詐欺の場合，高配当目当てに多額資金が流入してくるが，その資金を自分たちの遊興や，詐欺の発覚を遅らせるための「配当」に使っているうちに資金が足りなくなり破綻となるのが必然である。

　そこで，投資グループが有する資産額と投資者に返済すべき債務額の推移表を作成し，経営破綻の時期を特定しその後に得られた投資金については詐欺であると判断することになる。

　経営が破綻してくると，配当の支払が遅延したり，投資者からの元本返還要求に対応することができなくなるため，破綻の認識は比較的得られやすい。

　破綻時期特定の作表法については，第13章１．(6)「破綻時期の特定」（193頁）として記すことにする。

c．他罪の可能性

　投資詐欺の初期段階では，投資者を信用させ，あるいは，詐欺の発覚を遅らせるため，約束どおりの配当を支払うことが多く見られる。その段階では被害者は詐欺に遭っていることに気付くことはない。しかし，被害申告がなくても詐欺は進行し，経営破綻を待って詐欺事件の捜査を始めた場合，被害者数，被害金額とも相当大きくなってしまう。

　投資詐欺については，不備書類交付，目的隠匿勧誘等による特定商取引法（特商法），無登録営業等による金融商品取引法に抵触している可

能性も高く，早期にこれら他の法令の適用可否も検討していかなくてはならない。

② 融資詐欺

融資詐欺とは，銀行に対して虚偽の内容を申し向け，融資名目で資金を詐取するものである。個人が住宅資金借入名目で行うほか法人が運転資金，設備資金名目で詐取する事例が典型例である。

　a．初期判断

融資詐欺は，虚偽の書類提出を伴うことが多く，提出された書類の真偽を確認するところから始めていく。

個人の住宅ローンであれば，源泉徴収票や売買契約書が，法人の融資であれば決算書，取引を裏付ける注文書，預金取引明細などが偽造されていることが多い。

個人の住宅ローンの場合，実際には無職であるのに会社員であるかのように申込みをし，収入を裏付ける源泉徴収票を偽造している場合では詐欺として立件できる可能性が高いといえよう。ただし，借入後返済が滞りなく行われている場合や源泉徴収票の偽造程度が軽微である場合には，消極的に考えることになる。

一方，法人による融資詐欺事件は個人の住宅ローン詐欺に比して捜査上困難な度合いが高い。

融資先が融資直後に倒産している場合には，銀行から被害申告がされることが多いはずである。しかしまだ会社が存続していて一定の返済が行われているのであれば，その時点で直接の財産上の損害が生じていないため，被害届が提出されるとは限らない。また，経営者が逮捕された場合，銀行の貸付金が回収不能となる可能性も考慮するはずである。

決算書の粉飾については，融資判断を誤らせる程度の粉飾であること

が必要である。架空売上を計上しているということは，融資金名目で資金を詐取する意思があることを推察させる一材料となる。

　しかし，実際の決算書を提出したとしても，融資が受けられた可能性もある。銀行は，融資審査に当たり決算書を重要な判断材料としていることに間違いはない。しかし，業況が多少悪くても過去の融資実績，将来の回収可能性から融資を実行することもある。また，リスクが高いと判断した場合，リスクに見合う金利の徴求や追加担保を取ることで融資が行われることもある。

　決算書については，実際には債務超過の状態であったのに業況好調と見せるような大規模な粉飾であれば詐欺性が高くなるが，この点慎重な判断が求められる。

　銀行は私企業とはいえ公共性，社会性をもっていることに加え，古くから取引のある顧客に対しては，過去の取引自体が信用となっていることもある。

　したがって，事件選定にあたっては，決算書の粉飾の程度，その他提出書類の偽造の有無，借入後の返済状況，取引経緯等を十分に検討する必要がある。

b．財務捜査の進め方

　融資詐欺を捜査する場合，被害を受けた銀行については，預金，融資取引すべてについての資料一式が必要となってくる。また，他行に対しても融資申込みをしている可能性が高いため，取引のある銀行に対しても同様の協力を依頼することになる。

　その中でも特に重要な資料は，融資申込書，行内稟議書および面談記録である。

　融資申込書は欺罔を示す書類として，行内稟議書については錯誤を示す書類として重要である。

また，銀行は，顧客との面談について，面談日，応対者，面談内容を記録しているのが基本である。融資詐欺については，提出書類とともに面談の過程に欺罔行為が含まれており，事案解明に欠かせない資料となる。

　法人に対する融資金が詐取されたとしても，法人を詐欺として処罰することはできないため，個々人の責任を追及することとなる。経営者は，経理担当者の責任にしがちであり，融資の過程におけるそれぞれの役割を明確にする上でも面談記録は重要である。

財務捜査のキソチシキ

いくつもある「決算書」

　本来会社の決算書は1つしかないはずであるが，いくつもの「決算書」が存在していることがある。

　税務署には赤字決算書を提出しながら，銀行には融資が受けられるよう業績好調な決算書を提出するのが典型である。また，銀行ごとに異なる決算書を作成することもある。

　銀行では会社から提出された決算書を疑わざるをえず，経営者保証を求める一因ともなっている。

　このような弊害をなくすため，顧客の了解を得たうえで税理士が作成した決算書を税務署と金融機関に同時にデータ送信する会計システムも存在する。税理士による書面添付がされていればさらに信頼性は高いものになる。

　このような信用性のある決算書であれば，銀行側でも本来の与信審査を通じた金利設定，経営者保証の必要性を判断することが可能となる。

　経営者保証をおそれ起業を躊躇することは日本経済の大きな損失であり，決算書の信頼性を高める取組みは重要である。

③ 破綻直前詐欺

経営破綻することがわかっていながら注文を受け，そのまま倒産する詐欺である。

例えば，注文住宅会社が早晩倒産することが確実であり，顧客から注文を受けたとしてもその工事を完成させることができないと知りつつ受注をし，その後倒産に至る事例である。

a．初期判断

企業倒産と関連し，顧客から被害申告がされることで発覚することが多い。

経営者が倒産に向けて準備を進めながら，顧客に手付金，前受金等で入金を求めても，工事の完成や，住宅の引渡しが不可能なことはわかるはずである。特に，早期に入金すれば割引をするなどと顧客に申し向けていた場合には，悪質性が高いといえる。

b．財務捜査の進め方

この種の事件では，経営破綻時期の特定のほか，経営者が経営破綻を認識していたこと，また，資金使途が捜査のポイントとなる。

通常，会社経営者は，自分の会社を何とか立て直そうと努力する。それは，顧客や従業員のためでもあるし，金融機関に自己資産を担保として提供し，会社と命運をともにする経営者自身のためでもある。

会社経営者が再建に向けた努力をしている場合，例えば，入金された資金を直ちに仕入先の支払に充て，取引の継続を依頼していた場合には，倒産状態という客観事実はあったとしても，これをもって騙す意思があったと認定することは難しいかもしれない。

一方，契約者からの入金を自己の用途に費消したり，隠匿を行っていた場合には，詐欺の要素が強く出ることになる。

そこで財務捜査では，

- 会計帳簿上の破綻時期の特定
- 経営者の認識
- 再建に向けた取組み
- 顧客から入金された資金使途

などを捜査し，これら事実の解明を行うことになる。

財務捜査のキソチシキ
会社倒産でマイホームが建てられない事例

　マイホームはサラリーマンにとって人生最高の買い物である。建設場所を選び，工務店と何度も打ち合わせを行い，住宅ローンも組み，完成を待ちわびている最中，突然工務店が倒産するという悲劇に見舞われることもある。個人が工務店の財務状況を調べることは困難であり，防ぐにも限界がある。
　倒産を知りながら顧客から工事代金名目で資金を詐取したのであれば詐欺となる可能性が高く，実際に検挙事例もある。
　経営者が逮捕され有罪になったとしても刑事上の責任であり，被害者にお金が戻るわけではない。しかし，このような検挙を通じて同様の被害を発生させないという一定の抑止効果は見込めるはずである。

④　取込み詐欺

　取込み詐欺とは，通常の商取引を装って商品を発注し，代金を支払わずに所在不明となる詐欺である。
　最初は少額の現金取引から開始し，徐々に取引金額を増加させ信用取引に移行し，最後に大量発注を行い商品を取り込んだ直後に音信不通となり会社事務所ごと消滅するというのが典型である。

a．初期判断

　取込み詐欺は，一見通常の倒産と同じであるが，会社が倒産したわけでなく，最初から換価容易な商品を取り込みこれを転売して不当な利益を上げることを目的としていることが大きな相違点である。

　融資詐欺，倒産直前詐欺にしても過去は正業を営んでいたはずである。それが倒産という事態に立ち至り詐欺を敢行することになる。

　それに対し，取込み詐欺は，詐欺を目的とした組織という点が大きく異なる。

　取込み詐欺の典型的な手口は，

- 実際に事務所があり，従業員も勤務をしている
- 組織の中で役割分担が定められている
- ホームページなども開設されている
- 社歴もある

というように通常の会社と見分けが付かないのが特徴である。

　これだけの舞台が揃っていれば，きちんとした会社であると信じるのは無理がない。

　ただ，実態は「従業員」とされるのは，取込み詐欺グループの一員であり，ホームページを作成することもパソコンの知識があればさほど難しいことではない。また，社歴についてもすでにある登記の古い会社を買収して，変更登記を行うことで偽装は可能である。

　ホームページの開設，社歴の長い会社の買収自体は犯罪ではないのでこれをもって詐欺に問うことはできない。

b．財務捜査の進め方

　取込み詐欺は秘匿性の高いグループが全国を転々としながら犯罪を敢行するため，捕捉困難なことが多い。

また，警察等に被害の相談があっても，債務不履行と詐欺との区別が付きにくく，この種の事件に不慣れな担当者の場合，的確な事件判断ができない等の問題点もある。

　取込み詐欺事件の捜査では，犯人グループの解明が中心となる。

　財務捜査においては，転売先が判明した時点で，取り込んだ商品の販売による利得の算定，資金の追跡等を行うことになる。

財務捜査のキソチシキ

税法違反捜査

　警察は，第一次捜査権を有しすべての犯罪について捜査をすることが可能である。その中には，税法違反も対象となるはずである。

　しかし警察が税法違反について検挙した事例はほとんどない。

　その理由の1つとしては，課税庁の存在がある。税法違反については，税務調査や査察官による逋脱捜査が行われており，その専門性が優先されることになる。

　脱税であれば，申告された税額と本来の納付すべき税額を比較する必要があるが，警察は租税技術的な知識や経験を有していない。また，多くの脱税については，税務調査を経て修正申告が行われ，すべてについて刑事罰が課されているわけではない。

　ただし，福岡県警では税務当局と協力し，暴力団組長への上納金を所得税法違反として検挙した事例もある。また，密造軽油による軽油引取税の脱税について地方税法違反事件として立件した事案も過去にはあり，脱税捜査をまったく行わないというわけではない。

---

⑤　従業員による会社に対する詐欺

　従業員が立替経費の支払を受ける際に，提出した領収書の偽造，実際には行っていない出張費，私物購入の領収書提出が典型例である。

a．初期判断

このケースでは領収書の偽造，出張がなかったこと，業務と関係のない物品であることの立証が基本である。

b．財務捜査の進め方

純粋に会社内部の犯行であり，会社からの被害申告が端緒となる事例がほとんどである。通常の場合，従業員の不正請求額が大きくなることは少なく，また，本人や家族が弁済し社内処分で済ませていることもある。

被害の届出があった場合，領収書の偽造や出張がなかったことなどの事実を疎明することで詐欺の立証は可能と見込まれる。

ただし，キャバクラ，ナイトクラブなどでは，利用の裏付けが困難である。この種の店では白紙領収書を交付することもあり，また，客に不利なことを正直に言うとは限らない。

領収書の書き換えについては，インクの鑑定などをしても，もともと何も書いていない領収書の場合，記載事項はすべて同じ筆記具で書かれており，偽造，変造の立証は困難である。

そこで，多数の領収書の中から明らかに詐欺である事案を抽出することも必要になる。その場合には，行動記録，購入品目などから明らかにその店舗を利用していないことを立証するなどして，虚偽であることを示すことになろう。

財務捜査のキソチシキ

「詐欺師」の変化

これまで「詐欺師」というと，口上手な悪人というイメージが強かった。しかし，この印象は，コロナの際の持続化給付金の頃から認識が変わっ

たように思う。持続化給付金は，売上が低下した個人事業主に対し，一定要件の下に最大100万円が給付されるという制度であった。迅速給付の必要性から審査は緩く，不正受給が相次ぐなど大きな社会問題となった。

検挙された者の中には，普通の会社員，大学生のほか，公務員までが含まれていた。また，税理士などの資格者が不正に関与した疑いで逮捕されるケースも多く見られた。

現在では，詐欺師は特殊な人だけではなく，一見普通の人の中にも存在しているのである。

2．業務上横領事案

> （横領）
> 第252条　自己の占有する他人の物を横領した者は，五年以下の懲役に処する。
> 2　自己の物であっても，公務所から保管を命ぜられた場合において，これを横領した者も，前項と同様とする。
> （業務上横領）
> 第253条　業務上自己の占有する他人の物を横領した者は，十年以下の懲役に処する。

(1) 業務上横領罪の要件

業務上横領罪が成立するには，条文のとおり，

> ① 業務性
> ② 自己の占有する他人の物という物の特性
> ③ 横領行為

という要件が必要とされる。

①の業務性がなければ単純横領罪となるが，財務捜査が必要となる事

案の多くは会社の経理職員等によるものであり，多くは業務上横領罪が適用されることになる。

業務上横領事件の特徴として，被害会社においても横領の原因を作っていることが多いということである。従業員による横領は，実効性のある内部統制を行い，チェック体制を構築し実行すればほとんどの場合，防止できるはずである。

業務上横領が起こる場合，現金，預金の管理がずさんなことや，資金の出し入れについて牽制が働いていないことが多い。

そのため，業務上横領は長期にわたる不正であっても発覚が遅れたり，発覚した場合でも管理の不備により立証が困難になることがある。

(2) 財務捜査の役割

業務上横領事案で財務捜査が行うのは，主に横領行為の立証と帳簿改ざん方法の解明である。

まず，横領罪が成立するには，会社から資金を引き出しただけでは足りず，これを自己の用途に費消する行為が必要である。可能性は低いとはいえ，会社から引き出された資金が会社のために使われている場合には横領を問うことはできない。横領行為を認定するには，自己の物にするのと同様の処分行為，具体的には資金を自己のために費消する，担保に供するなど本人でしかできない行為をしたこと，つまり不法領得の意思が必要である。そこで，財務捜査では，会社から引き出された資金の使途先を捜査することになる。

会社から引き出された資金が経理担当者の個人口座に振り込まれている場合，その口座内で自己の用途に費消されていれば，個人口座に入金された時点で横領行為は成立するであろう。一方，経理担当者の個人口座に入金された後，そのほとんどが現金で引き出されている場合には，その引出後の現金使途を解明する必要がある。

もう１つの帳簿の改ざん方法の解明については，会社の預金口座から現金が引き出されたケースを例にとれば，その取引が帳簿に記載されている場合と，記載されていない場合とがある。

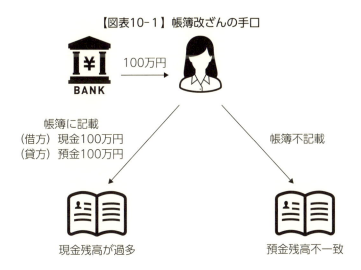

【図表10-1】帳簿改ざんの手口

　帳簿に記載されている場合，通帳の預金残高と会社の帳簿残高は一致するが，一方で現金残高が過大となってしまう。例えば，会社の口座から100万円を引き出し横領した場合，これを帳簿に記載すれば通帳の残高と帳簿の預金残高は一致するが，現金残高も同額増加してしまう。横領金額が積み重なった場合，現金残高が不自然に多額となるため，架空経費を創出するか，何らかの方法で現金残高を減らさざるを得ない。
　一方，横領金額を帳簿に記載しない場合，通帳の預金残高は減少しているのに，会計帳簿の預金残高は変わらないという不都合が生じる。この場合にも，銀行側の資料か会計帳簿のいずれかを改ざんする必要が出てくる。

財務捜査のキソチシキ

改ページを利用した帳簿の改ざん

　会社の預金口座から現金を引き出し，経理職員が横領した事件を捜査していたところ，見事に横領した取引だけが会計帳簿に記載されていなかった。預金口座から頻繁に現金が引き出されている帳簿を税理士等に見られたら，不正が発覚してしまうことをおそれたためであろう。

　預金口座から現金を引き出した事実を会計帳簿に書かなければ，その分銀行の預金残高とは相違することになる。しかし，今回の事件では，期末の会計帳簿の預金残高と銀行に照会した預金残高は1円単位で完全に一致していた。通帳で確認しても，銀行が発行した残高証明書で確認しても残高相違は見られなかった。

　しばらくの間この理由がわからなかったが，ルーズリーフ式の元帳を次のページに繰り越すときに，横領金額だけ残高を修正していることを見つけることができた。

　預金元帳に記載される取引件数は多く，数十ページに及ぶこともある。ページが変わるごとに前のページの残高を確認することはあまり行っていない。そこを巧みに利用した事案であった。

---

(3) 横領の典型例

　横領は，会社に入ってくるべき資金を横領する場合と，会社に入ってきた資金を横領する2つの形態に分類することができる。

① 入金の横領

　入金の横領とは，現金で預かった売上金を会社に入金せず着服する事例や，レジ担当係が売上金を登録せずに着服する事例である。

　現金による集金横領は，

> - 1件当たりの金額が少ない
> - 簿外取引になることが多く，帳簿捜査では解明しにくい
> - 現金なので証拠が残らない

という捜査上の問題点がある。

もともと現金に関する不正については，現金という性格上客観資料が乏しく立証が極めて困難である。

現金で集金した資金を横領した場合でも客先において領収書等の保管がないと，現金の受け渡しについて証拠を示すことが難しい。また，不正が反復継続して行われていることも多く，被疑者自身でも個々の不正について記憶が薄くなってしまうこともある。

レジに売上金を登録せずそのまま着服する行為については，複数の者がレジを担当している場合，行為者を特定することが困難である。また，現金の違算も生じやすく，現金が合わない原因が故意であるとはいえないこともある。

ただし，過去の検挙事例で，特定の者の勤務日に限り顕著な売上の低下が見られ，その後の捜査でレジ記録の精査から手口が判明した事案もあるため，捜査を工夫すれば立証できる可能性はある。

② **入金後の横領**

経理職員が，預かり保管中の現金，預金から資金を着服する事案が典型的である。

金額，件数ともこのパターンが最も多いと思われる。

> - 会社の経費を装うなどして自己名義または自己が管理する口座に資金を送金する
> - 会社の預金口座から現金を引き出し着服する

といったことがよく見られる。

　預金口座に送金された場合には，送金先口座の中で自己のクレジット代金の支払，生活費の支出が行われていれば使途が明確であり，入金時点で横領が成立することが多い。

　一方，現金の場合，本人の供述が得られなければ，使途を追うことは難しい。この点については，第11章3.(6)「現金使途の解明」(165頁)に記した。

　また，仮に現金引出後の費消先が判明したとしても，現金に色が付いていない以上，横領金だけを取り出すことが難しいこともある。例えば，会社の預金口座から100万円を引き出し，その直後に80万円の商品を購入した場合，これを横領金の使途とすることに問題は少ない。しかし，直後に購入した商品が1万円程度の場合，給料から支払うことも可能であり，横領金の使途と認めるのは難しい。

財務捜査のキソチシキ

お金の躓きが横領の動機

　業務上横領事件の被疑者で，横領目的で入社した者を見たことがない。採用試験を経て，入社式に臨んだ時点で将来この会社で横領することなど夢にも思わなかった被疑者がほとんどである。

　しかし，勤務を経るうちに，贅沢品の購入，ギャンブル，遊興などで金が不足し横領に走ることになる。

　従業員としての給料は支給されているのであるから，普通に堅実な生活をしていれば会社の資金に手を出す必要はなかったはずである。浪費等でお金に失敗し，犯罪に手を染めてしまうという事例が圧倒的に多い。

　資産形成のための金銭教育も重要であるが，金銭管理の基本を身に付けるほうが先であろう。

③ 経営者による業務上横領

業務上横領の多くは従業員によるものであるが，経営者による横領が見られることもある。

ただし，経営者の場合，直接資金を自分の口座に移動するには経理担当者の助力が必要となるため，長期継続的に行うことは少ない。

経営者の横領で多いのは，倒産直前に会社資金を横領するケースである。社内積立金を横領したとして検挙されたNOVA事件などがある。

経営者が会社の資金を自己の資金に移している場合，特別背任罪の適用と合わせて検討していくことになろう。

3．背任事案

> (背任)
> 第247条　他人のためにその事務を処理する者が，自己若しくは第三者の利益を図り又は本人に損害を加える目的で，その任務に背く行為をし，本人に財産上の損害を加えたときは，五年以下の懲役又は五十万円以下の罰金に処する。

(1) 背任罪の成立要件

条文に示されているとおり，背任罪の成立には，

① 他人の事務を処理する者という身分
② 任務違背行為
③ 利益を図りまたは損害を加えるという図利加害目的
④ 財産上の損害の発生

の4点について論点がある。

他人の事務を処理する者とは，他人から委託を受けて事務処理をする

者をいう。事務はデスクワークに限定されず、業務と同義である。

　財務捜査で扱う背任事件としては、株式会社内が多いが、医療法人、社団法人、学校法人等の団体内で行われることもある。

(2) 特別背任罪との関係

　背任罪には、次節に記す会社法上の特別背任罪も存在する。

　株式会社の場合、同じ背任行為でも取締役等の役員であれば会社法の特別背任罪が、従業員の場合は共犯事件を除き刑法上の背任罪が適用される。近年設立が増加している合同会社については、株式会社に近い組織ではあるが、会社法には特別背任罪の規定が設けられていない。

　また、団体役員については、医療法、一般社団法人及び一般財団法人に関する法律、令和7年4月に施行される改正私立学校法等においても特別背任罪の規定が設けられている。一方、社会医療法人でない医療法人、NPO法人、信用金庫の役員等については特別背任罪の適用条文は存在しない。

　組織、身分によって背任罪、特別背任罪が区別されることになり、その結果、公訴時効が異なる点に注意が必要である。

　また、身分の違いは業務に対する裁量の違いとなり、財務捜査においても大きなポイントとなる。

　会社、団体役員の場合、会社との関係は委任契約である。そこから、役員には従業員よりも広い判断余地が与えられており、結果的に組織に損害が生じた場合でも判断の妥当性が問題となる。団体役員については、特別背任罪ではなく背任罪が適用されることもあるが、財務捜査の実質は特別背任事件同様に経営判断の是非が問題となりやすい。

　一方、従業員の場合、会社との関係は雇用契約である。そこから、従業員は会社の指揮命令に服すること、就業規則などの諸規程を遵守する義務が生じることになり、会社の指示に反する行為は「任務違背」に該

当することとなろう。そのため，従業員の背任に関し，財務捜査では，任務違背性よりも図利加害目的を立証することが中心となる。

なお，100％子会社の役員の場合，役員としての身分を有しているため会社法上の特別背任罪が適用されるが，業務の実態として従業員に近いものがあり，経営判断の余地は少ないのが普通である。

(3) 横領罪との関係

背任罪の構成要件は，横領罪の構成要件と類似している。横領事件においても行為者は，会社に対する忠実義務に反し自己の利益を図っており，両者は重なることが多い。

この点について，

- 横領罪が成立するときは，背任罪は成立しない
- 自己の名義と計算で行われた場合には横領罪，被害者の名義と計算で行われた場合には背任罪が適用される

と解されている。

どちらの罪名であっても財務捜査が行うべき項目は大きく変わるものではないが，背任罪の場合は「図利加害目的」という目的が加わること，また，業務上横領罪とは法定刑が異なるため時効が変わってくる点には注意が必要である。

早期に適用罪名の見きわめをする必要がある。

(4) 背任事件の典型

従業員の背任事件として多いのは，次の事例である。

① キックバック

従業員が取引先と結託し，あるいは，取引先を利用してキックバック

を受けることは背任事件の典型である。

　従業員が取引先に対する立場を利用して，取引先に対し自社に水増しした請求書を送付させ，その水増し分の一部を自己名義または自己が管理する預金口座に送金をさせることが多い。

【図表10-2】キックバック

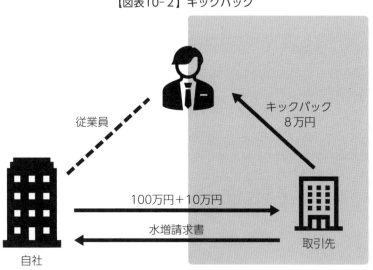

　例えば，取引先に対し，本来100万円の工事代金に10万円を上乗せした110万円の請求書を自社に提出させ，その一部の8万円を自己の口座に送金させキックバックを受けるといった事例である。この場合，水増しした10万円を自分の口座に入金させることも可能であるが，間に入った取引先に対しても不法な資金の一部を得させるようにするのが一般的である。

　このようなキックバックは，建設業，土木業などで工事の積算が厳格に行われていない会社によく見られる。

　取引先の中にはキックバックに巻き込まれていることを知らないこと

もある。建設，土木に関しては，数次の下請けが存在するため，その会社のさらに下位の下請けに支払う名目で被疑者が管理している預金口座へ入金を指示された場合，不正を感じるとは限らない。

　財務捜査では，工事代金の水増しを解明することになるが，実際に水増しを確定するのは容易ではない。「水増し」というには「本来の金額」を確定させる必要があるが，工事に定価があるわけでもないため，正規に請求すべき金額を算定するのが難しいためである。

　また，キックバックを取引先に依頼できるということは，業者との癒着があるということであり，長期にわたる取引，人間関係の存在が前提となる。建設・土木工事は当初の見積りどおりに工事が進むことばかりではない。ときには，着工前には想定できなかった地下埋蔵物が見つかったり，資材価格の高騰等により工事が赤字になることも珍しくはない。

　そのような場合，赤字となった取引先に対し，次の発注時に利益が見込める工事を優先的に割り当てることや，ある程度の水増しを認めることも慣行として存在することもある。

　実際に「水増し」を算定するのは容易ではないが，取引先から従業員に資金が流れ，その金が個人的用途に費消されているのであれば，その部分については過大請求ということが可能と見込める。

　また，デジタル解析により水増しについて両者のやりとりが判明した場合，あるいは，一度作成した請求書を差し替えている場合などでは，水増しを立証しやすくなる。

　また，事件の選定にあたっては，水増し請求の不正が1件しかないことは珍しく，複数あるのが一般的である。過去に発注歴のない，つまり，貸し借りのない新規工事業者の選定，水増しでなく架空発注の工事を選定するなど，事件の切り口を考える必要がある。

　財務捜査では，水増し請求書を作成した取引先が，キックバックとし

て被疑者に支払った金額をどのように会計処理をしているかは確認ポイントとなる。外注費，交際費，支払手数料等の名目が一般的であるが，取引先がその科目を使用した理由についても聴取が必要となる。

また，被疑者からキックバックについて請求書が発行されている場合，その記載内容，作成方法についての解明も合わせて進めることになる。

② 法人クレジットカードなどの私的利用

法人クレジットカードが従業員個人の飲食，奢侈品の購入等私的用途に利用されている場合についても，一般的には背任罪が成立する。

横領事件と類似しているが，横領の場合には自己が管理する他人の財物が対象となるが，法人カードについてはカード自体を着服しているわけではないため，カードを利用した事実をもって背任となるのである。

財務捜査では，基本的には，カードの利用状況を確認することになる。個人に資金が流れるわけではないため，会社の預金口座から使途を追うことはない。

法人カードの私的使用といっても，カードの交付を受けているということは一定のカード利用が認められているわけであり，全額が自分のための費消であることは少ない。使用履歴の中から会社のために利用している部分と私的利用の部分を区分する必要が出てくる。

部下職員，取引先が参加した飲食については，会社のためと抗弁される可能性もある。しかし，私的使用について会社から被害申告がされているということは，会社の規則に反しているからであり，任務違背性はあるものと考えられる。

単に言い訳である可能性は高いが，全体の利用金額から，完全に個人的費消となる家族，愛人との飲食，個人旅行等の金額を別途集計把握しておくと効果的である。

4．特別背任事案

> （取締役等の特別背任罪）
> 第960条　次に掲げる者が，自己若しくは第三者の利益を図り又は株式会社に損害を加える目的で，その任務に背く行為をし，当該株式会社に財産上の損害を加えたときは，十年以下の懲役若しくは千万円以下の罰金に処し，又はこれを併科する。
> 一　発起人
> 二　設立時取締役又は設立時監査役
> 三　取締役，会計参与，監査役又は執行役
> 四　（以下略）

(1) 特別背任罪の成立要件

上記条文は会社法の規定であるが，特別背任罪は，背任罪のうち身分を株式会社の取締役等に限定している点が異なるだけで，構成要件の基本は刑法の背任罪と同様であることは，前節に記した。

ある背任行為が背任罪に該当するか，特別背任罪に該当するかは，法人形態，役職の違いである。

特別背任罪が適用される取締役は，会社との関係において委任契約に従っている。そのため受任者である取締役には，2つの義務が生じる。

1つ目は「善管注意義務」であり，受任者として善良な管理者としての注意義務が生じる。

2つ目は「忠実義務」であり，委任者のために忠実に事務を行うことをいう。受任者である取締役は委任者のために忠実に職務を遂行する義務があり，これに反する行為を行ってはならないということである。

この取締役の任務に違背することを前提に特別背任罪を問うわけである。

一方で，取締役には「経営判断」という大きな裁量も与えられている。取締役は，株主から会社経営を委任されているが，その委任事務の遂行について，法令および定款の範囲内という制限はあるものの，経営判断について厳しい拘束を受けるものではない。相当の注意を払い事実を確認し，リスクを検討したうえで合理的に判断した結果として会社に損害が生じたとしても，任務違背性がないことになる。また，一見任務に背く行為と見えても，その実質が会社利益のためであることもある。

　特別背任罪の成立にはこの任務違背に加え「自己若しくは第三者の利益を図り又は株式会社に損害を加える目的で」つまり図利加害目的が求められる。一般的に，自己の利益を図る目的があれば，任務違背性は強くなる。

　財務捜査では，任務違背および図利加害目的の立証が大きな目的となる。

(2)　財務捜査の注意点

　次の点に注意が必要である。

①　横領罪が成立すれば，(特別)背任罪が成立しない

　この点については，前記のとおりである。

②　100％株主の場合，特別背任罪は成立しない

　日本の中小企業の多くは，社長イコール株主である。特別背任罪では，会社に損害が発生した結果が必要であるが，その会社の持ち主は株主である社長である。社長個人が会社の損失により利得を得たとしても，一方で自分が保有している株式の価値も減少してしまうため，プラスマイナスゼロとなる。

　したがって，社長が100％オーナーの会社の場合，社長に対する特別

背任罪について条文上はともかく，実際的に生じないことになる。

また，会社法では取締役はその任務を怠ったときは，株式会社に対し，損害賠償責任を負うことになっているが，総株主の同意があればその責任の全部が免除されることとなっている（会社法424条）。100％オーナーであれば民事上の責任を負わないのであるから，刑事責任の追及はなお難しいことになる。

③ 図利加害を数字で示す

図利加害目的を示すには，会社から支出された資金が被疑者のもとに行き，個人的に費消されていることを数字上明らかにするのがわかりやすい。

横領同様に，被疑者の口座に入金しているだけでは足らず，個人費消までが必要となる。この点は，横領事件の捜査と同様である。

会社のため，あるいは，任務に違背していないと抗弁があっても，会社から流れた資金により個人的に利得を得ているのであれば，図利加害目的であると考えるのが普通である。

④ 自己保身は慎重に考える

会社に損害が発生していても，被疑者に資金が流れていないことがある。このように数字で自己図利が出てこない場合，自己保身を図利として立件することが検討されることもある。

自己保身も利得であり，実際にこれを認めた裁判例もある。

しかし，自己保身とはまさに内心の問題であり，図利加害が数字で示されないからといって自己保身を図利目的とすることについては慎重な判断が必要である。

というのは，特別背任の主体となる経営者の場合，ワンマン経営のことが多く，仮に経営の失敗が発覚したとしても責任追及がされたり，地

位を追われるとは限らない。

　代表者が会社の株式を過半数保有している場合，取締役を解任されることはなく，具体的な兆候がなければ，自己保身を利得目的とするには無理がある。

　数字で利得が出ない場合，自己保身目的説が検討されやすいが，数字で示す以上に立証は困難となる。

⑤　**特別背任に至る経緯**

　会社の取締役が就任直後から任務に違背する行動を取ることはほとんどない。当初は会社のために業務を行いながら，あるときから不正に手を染めるのが普通であろう。

　したがって，特別背任事件については，取締役としての地位の変化，会社の経営状況等について任務違背の前後の変化を比較検討する必要がある。

(3)　参考事例

　特別背任事件は，会社内で取締役等の地位を有する者により行われるため，立証は容易ではない。また，取締役としての裁量も広く，通常取締役に求められる判断基準に従って取引全体の意味を検討する必要がある。

　特別背任事件は検挙事例が少ない一方，無罪事件の割合が高い特徴もある。大がかりな捜査を行い，検挙時には大々的にマスコミに報道されながら，公判で無罪となるケースも多いのである。特別背任と経営判断の区分については，過去の事例が具体的で参考となる。

①　**三越事件**

　（平成5年11月29日東京高等裁判所判決，平成9年10月28日最高裁判

所第三小法廷決定)

　特別背任事件のリーディングケースとしては，三越特別背任事件がある。

　これは，デパートの三越の代表取締役がその地位を利用し，海外から商品を仕入れるにあたり，愛人が設立した会社を介して購入することで，愛人の会社に利益を得させ，同額の損害を三越に与えたという事案である。

　三越事件では，準直方式と香港コミッション方式による2件について特別背任罪で起訴され，1審の東京地方裁判所では2件とも有罪とされたものの，2審の東京高等裁判所では香港コミッション方式は無罪となっている。

　準直方式については，両審とも，中間会社を使って無用な支出をさせることは，取締役の任務に違背すると断じている。高等裁判所の判決文では「有用性の対価として許容し得る限度を明らかに超えた違法なものと認められる」と記している。

　一方，香港コミッション方式については，2審において「活動の有用性の対価として許容し得る限度内のものとみる余地がある」として，有用性，対価性が否定できないという理由で無罪とされている。

　準直方式と香港コミッション方式とも商品仕入の間に愛人が経営する会社を介入させている点では同様であり，会社に無用な支出をさせたように見えるが，有用性と対価性が否定できるかどうかが判断基準とされている。

② パシフィックコンサルタンツインターナショナル（PCI）事件
（平成22年5月10日東京高等裁判所判決）
　PCI事件は，同社が下請け4社に対し支払をする取引について，間に子会社を挟むことで約1億2,000万円の支出をさせたとして特別背任罪

に問われた事案である。

　子会社がペーパーカンパニーで実質的な業務はしていなかった場合，子会社に得させた利益は無用な支出となり，PCIに損害を加えたことになる。構図としては，三越事件の準直方式と類似している。

　しかし，裁判では，

- 当時，親会社のPCIには，財務的余力があった
- 企業グループとして，経営不振の関連会社を支援する必要があった
- 子会社はまったく実体のない事業にかかわっていたわけではない

ことを主な理由として，無罪としている。

　特別背任罪の要件には，取締役としての身分のほか，

- 任務違背
- 図利加害目的
- 結果的損害

の3点があるが，子会社支援の目的を有している時点で取締役としての任務に違背していないとして，以降の図利加害目的，結果的損害発生などについて大きく言及することなく無罪としている。

③　東理ホールディングス事件

（平成23年11月30日東京地方裁判所判決）

　東理ホールディングス事件では同社の代表取締役が実質的に支配していた営業実態がなく業務能力もない教材販売会社に対し，増資にかかるコンサルタント費用名目で約24億円を流出させ，会社に損害を与えたとされた事案である。

　この点を見れば，代表取締役が自分の利得のためにペーパーカンパニーを経由してコンサルタント料名目で会社から資金を受け取ったよう

に見える。

　しかし，公判では，実際に代表取締役が元証券会社社員とチームをつくり増資に関するコンサルタント業務を行っていたと認定されている。代表取締役は，過去においても増資により会社を再建させた実績があり，2割程度の成功報酬を受領した実績も加味されている。支配していた教材販売会社に資金を支出した理由について，チームには法人格がないため教材販売会社を通じて各メンバーに支払をしたと認める余地があるとされたものである。

　本件については，判決の最後に「(前社の) 時代から重ねられてきた増資と同様の手法・報酬割合で，いわば前例を踏襲する形で増資が行われた。このような経緯等からすれば，被告人が関わってきた他の増資の実態，手法をよく分析し，資金の流れも含め被告人の増資に係る活動全体を解明し，さらには，証券業界における公募増資の実情，本件と同種の第三者割当増資により私的募集で資金を調達する事例のコンサルティング報酬の実情等を調査し，その上で，他の関連罰則の適用の可否をも視野に入れて特別背任罪の成否を考察すべきであったといえる」と厳しい意見が述べられている。

　その他，福徳銀行事件，北國銀行事件，SFCG事件でも無罪判決が確定しており，特別背任事件捜査にあたっては，これら事例を参照することが必要である。

　特に財務捜査担当者は，平素から多くの企業取引に接する機会が多い。捜査員の中に，民間商取引に精通していない者がいる場合には，捜査を通じて助言を行うことも重要な任務である。

5．粉飾事案

　粉飾決算の動機としては，

- 上場会社の株価を維持，向上させるため
- 上場廃止基準に抵触させないため
- 融資において設定した財務制限条項（コベナンツ）に抵触させないため
- 業績連動報酬を採用しているため
- 業況好調のように装い金融機関から融資を受けるため
- 脱税（この場合には業績を悪く見せる逆粉飾）

が顕著である。

　また，粉飾決算により架空利益を計上した結果配当金の支払を行った場合，違法配当罪の適用についても検討できる。

　なお，粉飾というには，投資判断，債権者の信用判断等を誤らせるほどの重要性が必要になろう。

　売上計上漏れについて「粉飾」と評価されることはあるが，軽微な金額であれば刑事責任を問うことは難しい。

　また，会計処理には複数の方法が認められることもあれば，企業会計が税務会計の影響を受けていることもある。複数の会計処理の方法が認められている場合，選択した方法により利益が相違することになるが，これを粉飾ということは一般的には難しい。

　税法との関係でいえば，企業会計では固定資産について減価償却費の計上を求めているが，法人税法では減価償却費を計上した場合は損金算入限度額の範囲内で損金算入を認めることとしているため，中小企業では減価償却費の計上をしないことも珍しくはない。

　採用された会計処理が会社法に定める「会計慣行」に該当するかについて争われた日本長期信用銀行事件，日本債券信用銀行事件では，ともに粉飾（有価証券報告書虚偽記載罪）について問われたものの，公判において無罪となっているとおり，会計処理に関する事案捜査では慎重な対応が必要である。

(1) 上場会社の粉飾

上場会社の粉飾は，金融商品取引法に定める有価証券虚偽記載罪に該当する。

> 第197条　次の各号のいずれかに該当する者は，十年以下の懲役若しくは千万円以下の罰金に処し，又はこれを併科する。

虚偽記載罪では，行為をした自然人だけでなく，法人に対しても7億円以下の罰金を課す両罰規定となっている。

有価証券報告書の作成者は代表取締役であり，形式的にはその書類に虚偽の記載があった場合には，代表者の責任となる。しかし，文書作成名義人という形式だけで刑事罰を適用するのは困難である。

決算書の数字を粉飾した事案としては，次のものがある。

```
2005年　カネボウ
2006年　ライブドア
2010年　エフオーアイ
2012年　オリンパス
2015年　NowLoading
2016年　グローバルアジアホールディングス
2023年　プロルート丸光
```

粉飾決算の手口としては，売上の水増し，循環取引，費用・損失の過少計上であることが多い。

会社の業況を良く見せる意図であるから，売上高を水増しするか，費用を少なく計上するか，あるいは両方を行うかのいずれかである。

したがって，決算書作成の基となった仕訳のうち，粉飾に関する仕訳について逆仕訳を行い，真実の姿に戻していくのが財務捜査の中心となる。

ただ，上場企業は規模が大きく役割分担も細分化されているため，社内という外部から観察できない世界でどのような指示，やりとりがあったかを解明することも重要となる。

経理担当者以外にも，取締役，監査役，会計監査人等から詳細な聴取をしなければならない。

また，刑事事件以外にも行政罰として課徴金納付命令が行われることもある。したがって，金額，悪質性，過去の事例等から，対象行為が行政罰である課徴金相当であるのか，刑事罰を科せるのかについての見きわめも重要になってくる。

なお，決算書本体ではなく，主要株主の虚偽記載については2005年の西武鉄道事件が，また報酬の過少記載については日産事件がある。

(2) 非上場会社の粉飾

非上場会社が決算書を粉飾した場合，上場企業のように粉飾そのものを違法と問えるわけではない。過去，耐震強度偽装事件において，粉飾した決算書を国土交通省に提出したとして建設業法違反事件の検挙事例もあるが例外であろう。

粉飾が発覚するのは，多くは会社倒産の場合である。融資を受けた直後に会社が倒産した場合，虚偽の決算書を提出している可能性が高い。

非上場会社が粉飾を行う主な目的は，会社の業況を良好に見せ，金融機関から融資を受けることである。融資にあたり，金融機関から決算書を求められるが，業績が悪く，特に債務超過であった場合，融資を受けられる可能性は低くなる。そこで多くの場合，銀行に対する融資詐欺として立件することになる。この点については，本章1.の中で「融資詐欺」として記したところである。

6．贈収賄事案

> （収賄，受託収賄及び事前収賄）
> 第197条　公務員が，その職務に関し，賄賂を収受し，又はその要求若しくは約束をしたときは，五年以下の懲役に処する。この場合において，請託を受けたときは，七年以下の懲役に処する。
> 2　公務員になろうとする者が，その担当すべき職務に関し，請託を受けて，賄賂を収受し，又はその要求若しくは約束をしたときは，公務員となった場合において，五年以下の懲役に処する。
> （中略）
> （贈賄）
> 第198条　第百九十七条から第百九十七条の四までに規定する賄賂を供与し，又はその申込み若しくは約束をした者は，三年以下の懲役又は二百五十万円以下の罰金に処する。

(1)　贈収賄罪の成立要件

　贈収賄事件は，知能犯事件の典型である。「密室」の中で現金が授受されることが多く，財務捜査の重要性が高い事案である。
　贈収賄罪は，職務権限，不正の請託などの論点はあるが，財務捜査で求められるのは，賄賂金授受の立証である。
　賄賂の対価としては，人の欲求を満たすものであればすべてが対象となる。事例としては，パソコン，カメラ等の物品などもある。貸付金名目の無利子，無担保等による金融の利益など無形の利益であっても良いとされる。ゴルフ接待が賄賂として立件された事件もある。しかし，圧倒的に多いのは客観的証拠が残らない現金による賄賂である。
　現金の受け渡し場所としては，公務員，特に上級公務員，政治公務員は地元住民に顔を知られていることもあり，飲食店の個室など人目につ

かない場所が選ばれることが多い。

　第三者の目撃がない場所で現金の授受が行われるいわば「密室事件」を財務捜査で解明することになる。

　贈収賄事件で解明すべき財務捜査ポイントは，次の3点である。

---
① 賄賂金授受事実の立証
② 被疑者の経済状況の解明
③ 対象工事の利益

　これらについて，以下記すことにする。

(2) 賄賂金授受事実の立証

　過去に行われた現金の授受を立証することは実際には不可能である。ただし，贈収賄には，賄賂を渡す側と，受け取る側の二者がいる。そこで，原資と使途の一致をもって現金授受の事実を示すことになる。

① 贈賄原資の特定

　贈賄原資としては，会社の資金から捻出される場合と，個人のポケットマネーから捻出される場合の2パターンがある。

　このうち，多い事例は会社資金からの捻出である。

　個人のポケットマネーから出すことも可能であるが，

- 賄賂の目的が会社事業に関連すること
- 金額的にも個人で負担するには多額になること
- ワンマン会社の場合，煩雑な手続を経なくても会社の資金を自由に使いやすいこと

から会社資金であることが多い。

a．会社資金から捻出

　会社資金から捻出された事例の解明は，会計帳簿の精査により行うのが基本となる。

　ただ，贈賄金は表に出せない金であり，会計帳簿に「賄賂」と記入されることはない。そこで「賄賂」と書いていない帳簿から，賄賂を探し出すことになる。

　なお，場合によっては，被疑者が資金捻出について供述することもあるが，安易にそれに従い，事実と違った場合，捜査の基礎が揺らぐことになってしまう。

　特に贈賄会社は順法精神に欠けているのであるから，現在捜査対象としている贈賄以外にも賄賂の提供を行っている可能性がある。また，賄賂以外にも政治家に対する献金，不正な支出を日常的に行っていた場合，思い違いが生じることもある。

　特に年月の勘違いは頻繁に発生するものであり，財務捜査では原資に関する供述があったとしても，懐疑心をもって事実の解明を進める必要がある。

　まず，会計帳簿の信頼性について確認をしていくところから捜査を始める。賄賂は通常現金で渡されるが，そもそも現金勘定の記載が信用できない場合には，その前提が崩れてしまう。現金勘定については，第8章2．「現金勘定の分析」に記したとおりである。

　ただ，賄賂を現金で渡す場合，会社の手元現金はもともと通常の支払に使うことが予定されており，会社の金庫から全額は出せないことがある。また，仮に出した場合には，今度は手元資金が不足するため預金を下ろして現金を補充する必要が出てくる。そのため，現金勘定だけでなく，預金の動きも合わせて確認することで原資が明らかになることもある。

　賄賂は領収書が取れない支出であるため，現金勘定について丹念にすべての出金取引に対し領収書が保存されているかを確認するのが基本で

ある。時間的制約のため，過去すべての書類を見るには十分な時間が取れないこともあるが，その場合には，万円単位などラウンド数字などに着目して賄賂となりそうな取引を見てしまうのが早い。

また，現金については，元帳のほかに手書きの金銭出納帳が作成されていることもあるのでそちらに実際の動きが記されていることもある。

預金口座からの現金引出しについては，他の通常取引についてもラウンド数字が普通であるから不正を発見しにくいが，現金として引き出した資金が帳簿に正しく記載されているかを確認することは基本となる。

贈賄金を会社から支出する場合，用いられやすい勘定科目は，第9章4．に記した仮払金であろう。

仮払金は，支出時点において領収書が不要であり，精算は後日行われる。したがって，精算時までに辻褄合わせをする時間的余裕があることになる。

その他，交際費，雑費，資産勘定，負債勘定等を使用することもあるが，複雑な会計処理は経理の助力なしでは難しく，比較的単純な方法であることが多い。

また，表帳簿にはない簿外の裏帳簿からの支出もある。この場合には，会社にある現金管理をしている金庫以外の金庫の存在，裏帳簿の発見によることになる。裏金といいながらも何らかの記録がされていることが多い。

b．ポケットマネー，自宅現金

賄賂の原資としてポケットマネーや自宅現金からということもある。自宅に多額の現金を保有している者は多く，また，賄賂を渡すような経営者の場合，脱税等により表面化できない資金を自宅に保管していることも珍しくない。

しかし，一般に賄賂は会社の資金で行われることが多い。また，ポ

ケットマネーと説明すれば会社の帳簿を捜査される可能性は低くなる。そのため，実際には会社から不正支出をしていても虚偽を申し立てることもある。

したがって，ポケットマネーの話が出た場合でも，会社の資金からは賄賂が出ていないことの確認を済ませておく必要がある。

ポケットマネーから捻出した場合，家計簿があったとしても会社の帳簿同様に賄賂と書いてあるはずがない。

そこで，贈賄時点での家計の現金残高を算定し，賄賂金の捻出が可能であったことをもって立証することになる。

しかし，贈収賄の事実はすぐに発覚するわけでもないため，過去にさかのぼり，事件時のポケットマネー残高を算定しなくてはならない。もちろん1円単位で計算することは不可能であるため，おおむねこのくらいの現金があったであろうという推計になる。

過去の話であるので，贈賄時周辺に基点を設け，そこから算定を進めるのが基本である。

基点としては，正月，盆など大きな支出がある時点，旅行，家族イベントなどの時点が考えられる。

また，多額の現金が預金口座から引き出されている場合，その時点で現金の補充があったと考え，これを基点とすることも可能であろう。

もっとも現時点で相当な現金が自宅の金庫に在中し，過去においても同様であり，その間経済状況に大きな変化がないのであれば，現在の現金残高を基準にしても構わないと思う。

c．その他の捜査

賄賂の提供は特別な出来事であるため，手帳等に会合の予定，結果が記されていることが通常である。また，飲食店等における授受であればその飲食店の領収書（当然贈賄側が負担している），接待時の手土産，

飲食店に行くまでの交通手段とその領収書，飲食店を退店した後の行動も財務捜査によって裏付けることが可能である。

② 収賄金の使途

収賄被疑者は，公務員またはみなし公務員であるので，毎月一定の給与収入がある。

家計簿を付けていたとしても手がかりは少なく，その中で収賄金を特定することは困難であるが，次の諸点から判明することも考えられる。

a．預金口座に対する現金入金

賄賂として受け取った現金を必ずしも預金口座に入金するとは限らない。しかし，金額が大きかった場合や直後に多額の支払が予定されている場合には，収賄金を自己の口座に入金することもある。

入金口座としては，給与口座のほか，住宅ローン，クレジットカード代金の引き落としがされる口座，へそくり用の別口座，家族名義の預金口座等が使われやすい。

また，預金口座への入金だけでなく，出金取引についても着目をする。

預金口座から定期的な引出しがされていたのに，引出し間隔が不自然に空いている場合には，賄賂金を定期的な支払にあて，預金口座から現金を引き出す必要がなかったと見ることもできる。

b．消費者金融，キャッシングの返済

収賄被疑者は，通常，小遣いや生活費に困って賄賂を要求することがほとんどである。また，その使途もギャンブル，飲食，愛人などということが多い。

もし，これらの支出を自分の給料または小遣いの範囲内で行えるのであれば，賄賂を要求することはない。

小遣いが足りなければ，消費者金融，クレジットカードのキャッシング，銀行のカードローン等を利用しているはずである。収賄金が預金口座に入金された形跡が見られないときは，消費者金融等の返済に使われている可能性もある。

c．高額商品の購入

収賄金を預金口座への入金，消費者金融等への返済に回さずに，自動車，マンション，ブランド品，海外旅行等高額商品・サービスの支払に直接充てることもある。

その者の嗜好，不動産登記簿，自動車購入状況などを確認し，収賄金の使途となっていないかを確認することも必要である。

(3) 被疑者の経済状況

典型的な贈収賄の場合，贈賄被疑者の会社は公共工事等の入札を切望し，収賄被疑者は金銭的に困窮していることが通常である。両者の利害が一致しないと贈収賄は起こり得ない。

収賄被疑者は，公務員またはみなし公務員であるので，絶対的な収入がないということではない。収入はあるが，その者の需要に資金が不足するということである。

両者の経済状況を財務捜査によって明らかにすることになる。

贈賄被疑者の会社では正確な会計帳簿が作成されているとは限らない。また，建設業の場合，公共事業を請け負うための経営事項審査制度があるため，決算書の数値を良く見せるための粉飾が行われることがある。

一方，収賄被疑者については，家計の収支と合わせて，収賄被疑者個人の小遣いについて収支状況の解明が重要となる。

例えば，家計全体としては毎月30万円程度の収入があり生活に余裕が見られる場合であっても，収賄被疑者の小遣いは月3万円でそこから遊

興費等を捻出していたのであれば，その小遣い3万円がその者の実生活費ということになる。

(4) 対象工事の利益

賄賂は，公共工事等を獲得し利益を得ることを目的として行われることが多いため，対象工事の利益を算定し，賄賂金との関係を示すことになる。

工事利益については，積算資料，工事台帳を基に算定していく。

賄賂の相場というのは特に決まりはないが，大きな受注に対して少額すぎる賄賂，逆に，小さな受注に対して過大な賄賂というのは不自然である。

賄賂金は，過去の取引，工事全体の利益，継続取引の可能性の有無，収賄公務員の地位・権限，贈賄会社の受注に対する参入意欲などにより変わってくるはずである。

併せて贈賄被疑者の取調べにおいて，賄賂金の金額決定の根拠などを聴取し，利得と賄賂金の対比を行うことも必要である。

7．強盗殺人事件

強盗殺人事件で財務捜査が必要になるというのは，意外に感じるかもしれないが，事案の究明上大きなウエイトを占めている。

殺人現場から金銭が奪われている場合，その金銭を強取する目的で殺人をしたのか，殺人の機会に金銭が窃取されたかは大きな違いである。

強取が目的であれば強盗殺人事件となり，法定刑は死刑または無期懲役しかなく，極めて重い処罰がくだされることになる。一方殺人と窃盗であれば，極刑を免れる可能性もあり，重罪であることに変わりはないがその刑において大きな差が出てくる。

強盗殺人事件では，被害者はすでに死亡し供述を得ることはできない

ため，客観事実により強盗を立証していくことになる。その1つが財務捜査である。

強取目的か否かは，現場の状況から判明することもあるが，犯行当時の被疑者の金銭的逼迫度，特に犯行直前直後における金銭の状況から解明できることもある。

また，被害者と被疑者間に金銭のやりとりがあった場合，金銭の貸借か否か，貸借の場合債権者はどちらか，また負債額の算定など財務捜査は多岐に及ぶ。

強盗罪には，金品を強取する強盗（刑法236条1項）のほか財産上不法の利益を得る強盗（同条2項）いわゆる2項強盗がある。2項強盗殺人の典型は，債務者が債権者を殺害しその債務を免れようとする事案である。

この2項強盗殺人事件についても，債務の発生原因，残高推移，返済要求の頻度，内容等について財務捜査が必須となる。

また，強取金の使途は事件の動機である。つまり，強取金で購入したものが，強取の目的であり動機である。

計画性については，量刑に大きな影響を与える。例えば強取直後に高額商品を購入している場合，それが使途となることに加え，その商品の注文が犯行前にあった場合，計画的犯行であったことが認められよう。

また，犯行に凶器等の用具が使われていた場合，その用具をどこで調達したかが問題となる。犯行前のレシートの精査によって購入店が判明することもあり，これも計画性の立証につながることになる。

8．保険金目的殺人事件

保険金目的の殺人事件の場合，基本的に財務捜査の役割は，被疑者の経済状況を解明する点にある。財務捜査のポイントが，動機と使途と計画性の立証である点は，強盗殺人事件と同様である。

保険金目的の殺人事件では，保険金を騙し取ったとして詐欺罪が適用されるが，この点については，財務捜査以外の部分で立証が可能である。保険約款では故意に死亡させた場合は保険金が支払われないことになっているため，殺人を立証すれば保険会社に対する詐欺罪が成立することになる。そのため，強盗殺人事件と異なり，財務捜査が犯罪を直接立証するわけではない。

保険金詐欺では，共犯事件であることも多い。その場合，指示者から実行役に対し，保険金の一部が分配されることがあり，これをもって共犯の立証とすることも可能である。この点は，財務捜査によるところが大きい。

財務捜査のキソチシキ

保険金の分配で共犯が立証できた事例

過去に従事した保険金目的の殺人事件捜査を振り返ると共犯事件が多かったと感じる。そのいずれでも保険金から報酬の分配が行われていた。

その1つに2名の共謀が疑われる放火殺人事件があった。指示役が実行役に放火をさせた疑いが強かったものの，両者とも関与を強く否定していた。

共犯の可能性は高いが，単独で実行できないわけでもない。決め手を欠く中で事件着手が行われ，多数の証拠品を押収することができた。ある日資料を分析していたところ，指示役の日記風ノートの余白に500万円を実行犯に渡したとの走り書きがあるのを発見した。この500万円については，保険金が入金された預金口座から現金として出金された事実は判明していたが，使途先不明となっていたものである。

公判においても両者は犯行を否認し続けたが，火災の発生状況，その他の供述とあわせ，保険金から支払われた500万円については犯行の報酬であると認定された。財務捜査が共犯の立証に貢献できた一事例である。

9．その他の事案

(1) 違法配当罪

　分配可能利益がないにもかかわらず，株主に配当を行っていた場合，違法配当罪の適用がありうる。

　違法配当を行うのは上場企業に多いが，非上場会社であっても従業員，取引先から出資を受けていることもある。十分な利益が上げられず配当ができなかった場合経営責任を問われるため，決算書の粉飾を行い，合わせて違法配当を行うことも考えられる。

　もともと非上場会社で配当を実施している会社は少数であり，配当の存在を失念しがちであるが，粉飾決算が疑われる事案で社長以外に株主が存在する場合には，念のため，株主資本等変動計算書によって配当の有無について確認をすべきである。

(2) 架空増資

　架空増資に対し，かつては公正証書原本不実記載罪が適用されていたが，登記簿が電子化された現在では，罪名は電磁的公正証書原本不実記録罪となる。

　2006年の会社法改正により，最低資本金制度が撤廃され，資本金の重要性が乏しくなったといわれることがある。

　しかし，商業登記簿に資本金額の記載がある以上，架空増資による虚偽記載をすることは，最低資本金制度とは無関係のことである。商業登記簿を信用して取引に入る者を保護する意味は，依然として大きいし，そもそも架空増資をするということは資本金を大きく見せる動機が存在するということである。

　架空増資については，過去には丸石自転車，駿河屋事件など検挙事例

が多いが，近年でも2010年に日本中油事件の例がある。

なお，上場企業については架空増資を偽計取引として金融商品取引法を適用することもある。

この章のまとめ

- 財務捜査で立証する事件としては，詐欺，業務上横領，背任，贈収賄事件が多い。
- それぞれ事件の構成要件を数字で立証していくことを目指していく。
- 詐欺，業務上横領，贈収賄事件ごとに異なる財務捜査の着眼点が存在する。
- 特別背任事件には無罪事件が多い。これは経営判断の原則が働くことに加え，形式的には背任とみられることが，実質的に会社のためであることが多いためである。
- 強盗殺人事件のような知能犯以外の事件でも，財務捜査が使われる場面は多い。

第11章

機能別財務捜査手法

　前章では，罪名別財務捜査の方法について記したところである。この章では，財務捜査を進めるうえで多くの事例で共通して使用される財務捜査手法を具体的に説明していく。

1．会社経営状況の解明

　会社の経営状況の解明は，主に第7章「決算書分析」に記した貸借対照表と損益計算書の実数分析によることになる。

　同章に記したとおり，会社経営状況が問題になるのは，主に経営者不正の場合である。従業員の不正については，会社決算に大きな影響を与えている事例に限られる。

　趨勢を知るには年度の決算書でも可能であるが，事件前後の詳細を明らかにするには，月次試算表などを用いることになる。

　実態の解明が主目的であるから，不正に使われやすい勘定科目，特に，売上高，売掛金，棚卸資産を中心に，すべての勘定科目についてその内容を修正していくことになる（第9章「その他勘定科目の分析」参照）。また，簿外の資産・負債があれば，経営実態を示すうえでこれを加えなくてはならない。

会社の実態を明らかにする目的は，会社経営と事件の関係性が高いことを示すためである。決算書分析と合わせて経営実態と関連する出来事を結び付けると内容が具体的になる。

例えば，倒産直前の詐欺であれば，金額による決算書分析と合わせ，

- 仕入先に対する支払猶予の依頼
- 従業員給料の遅配
- 金融機関に対する返済条件変更要請
- 債権者からの督促状況

なども加えると，実態がより鮮明となる。

2．家計の解明

会社の経営分析に関する解説は多いが家計の分析に関する資料は少ない。そこで預金口座を利用した分析手法をやや詳しく解説する。

(1) 解　明

個人の場合は，会社のような帳簿が存在しないため，銀行預金口座を主軸として経済状況の把握をすることになる。

家計は，預金口座が資金の出入り口となることから，預金取引明細に記されている摘要欄から入出金の項目を抽出し，それぞれの月次額を集計していくのが解明に役立つと思われる。

手順としては，預金口座ごとに取引明細をエクセルシートに入力したうえで，摘要欄の記載内容を基に入出金の額を月次に集計していく流れになる。

完成形としては，図表11-1のようになる。

作表には，エクセルのピボットテーブル機能を使うと便利である。

【図表11-1】口座分析による家計の解明

		24年1月	24年2月	24年3月	24年4月	24年5月	24年6月	24年7月	24年8月	24年9月	24年10月	24年11月	24年12月	総計
入金	給料	279,015	270,644	334,818	318,077	253,903	810,485	237,162	279,015	284,595	351,558	290,175	706,337	4,415,784
	現金入金		43,000			50,000		20,000		50,000	52,000		110,000	325,000
	入金計	279,015	313,644	334,818	318,077	303,903	810,485	257,162	279,015	334,595	403,558	290,175	816,337	4,740,784
出金	現金出金	160,000	70,000	90,000	150,000	80,000	550,000	120,000	160,000	120,000	140,000	190,000	450,000	2,280,000
	住宅ローン	72,512	72,512	72,512	72,512	72,512	72,512	72,512	72,512	72,512	72,512	72,512	72,512	870,144
	クレジット	78,254	78,271	88,250	98,260	158,267	58,278	58,250	98,253	78,243	98,262	87,214	115,281	1,095,083
	携帯電話	9,587	9,583	9,534	9,587	9,535	9,593	9,587	9,559	9,611	9,622	9,613	9,590	115,001
	電気料金	19,502	19,523	19,529	19,513	19,482	19,505	22,505	19,506	25,534	19,523	19,510	19,523	243,155
	水道料金	12,901		12,916		12,868		17,905		18,928		12,886		88,404
	出金計	352,756	249,889	292,741	349,872	352,664	709,888	300,759	359,830	324,828	339,919	391,735	666,906	4,691,787
	差額	−73,741	63,755	42,077	−31,795	−48,761	100,597	−43,597	−80,815	9,767	63,639	−101,560	149,431	
	預金残高	45,433	109,188	151,265	119,470	70,709	171,306	127,709	46,894	56,661	120,300	18,740	168,171	

① **預金取引明細のデータ入力**

　上記の表を作成するには，銀行預金の取引明細をエクセルに入力することから始める。

　入力は，第8章1.(5)「取引入力」に記したとおり次のように行う。

【図表11-2】預金取引明細の入力

No.	日付	出金額	入金額	残高	摘要
1	2024/1/1	9,587		109,587	携帯
2	2024/1/3	30,000		79,587	ATM
3	2024/1/10	78,254		1,333	クレジット
4	2024/1/25		279,015	280,348	給料
5	2024/1/25	50,000		230,348	ATM
6	2024/1/28	72,512		157,836	住宅ローン
7	2024/1/28	80,000		77,836	ATM
8	2024/1/29	12,901		64,935	水道
9	2024/1/31	19,502		45,433	電気
10	2024/2/1	9,583		35,850	携帯
11	2024/2/7		43,000	78,850	ATM
12	2024/2/10	78,271		579	クレジット
13	2024/2/25		270,644	271,223	給料
14	2024/2/25	50,000		221,223	ATM
15	2024/2/28	72,512		148,711	住宅ローン

② **預金取引明細にコードを振る**

　個人の場合，主に預金取引明細に家計の実態が反映されている。

　例えば，上記取引であれば，

　　入金取引として，

　　　給料

　　　口座への現金入金

　　出金取引として

　　　口座からの現金引出し

　　　住宅ローン

　　　クレジット

　　　携帯電話

などが項目としてある。この摘要欄をまとめれば，家計の実態が見えて

くることになる。

　そこで摘要欄に記載された内容を基に入出金の項目ごとに，適宜コード番号を振っていく。

　なお，項目としては，入出金取引それぞれ10以内とするのが望ましい。数が多くなると一覧性に欠け，かえって内容がわかりにくくなるためである。

　後ほど作表する際に，入金，出金の順になるように，数字の前に，入金取引なら「n」，出金取引なら「s」等アルファベットを数の小さいものから昇順に付すと便利である。

③　月と金額欄を作る

　ピボットテーブルでの集計を容易にするために，年月を示す欄を設け，金額を1列にまとめておくと良い。

　年月欄は関数式で，"=year（日付セル）&month（日付セル）"と入力して作成を行う。

　金額欄については，入金額＋出金額という計算式で1つの列に収めてしまう。

　この時点で図表11-3のようなエクセルになる。

④　ピボットテーブルを作成する

　このデータを基にピボットテーブルを作成する。ピボットテーブルとは，行，列の項目を設定し，その項目に当たる数字を計算するエクセルの機能である。

　ピボットテーブルを作成する前に，コードを振ったエクセルシートの年月および金額列の計算結果を数式から値に変換しておく。

　図表11-4でG列は，ディスプレイの上では年月が表示されているが，エクセルの中では数字であり，このままだとピボットテーブルを作成し

【図表11-3】作表用にコード等を入力

No.	日付	出金額	入金額	残高	摘要	年月	金額	コード
1	2024/1/1	9,587		109,587	携帯	20241	9,587	s4
2	2024/1/3	30,000		79,587	ATM	20241	30,000	s1
3	2024/1/10	78,254		1,333	クレジット	20241	78,254	s3
4	2024/1/25		279,015	280,348	給料	20241	279,015	n1
5	2024/1/25	50,000		230,348	ATM	20241	50,000	s1
6	2024/1/28	72,512		157,836	住宅ローン	20241	72,512	s2
7	2024/1/28	80,000		77,836	ATM	20241	80,000	s1
8	2024/1/29	12,901		64,935	水道	20241	12,901	s6
9	2024/1/31	19,502		45,433	電気	20241	19,502	s5
10	2024/2/1	9,583		35,850	携帯	20242	9,583	s4
11	2024/2/7		43,000	78,850	ATM	20242	43,000	n2
12	2024/2/10	78,271		579	クレジット	20242	78,271	s3
13	2024/2/25		270,644	271,223	給料	20242	270,644	n1
14	2024/2/25	50,000		221,223	ATM	20242	50,000	s1
15	2024/2/28	72,512		148,711	住宅ローン	20242	72,512	s2

【図表11-4】ピボットテーブル

た場合に，年月として示されないためである。

　その後，GからI列を選択し，ピボットテーブルの作成に進むことに

なる。

図表11-4のピボットテーブルの右側に表示されるフィールドを図表11-5のようにチェック等を付ける。

【図表11-5】

以上で，ピボットテーブルの集計結果が示されることになる。

【図表11-6】

	A	B	C	D	E	F	G	H	I	J	K	L	M	N	O
1															
2															
3	合計/金額	列ラベル													
4	行ラベル	(空白)	20241	20242	20243	20244	20245	20246	20247	20248	20249	202410	202411	202412	総計
5	n1		279015	270644	334818	318077	253903	810485	237162	279015	284595	351558	290175	706337	4415784
6	n2			43000			50000		20000		50000	52000		110000	325000
7	s1		160000	70000	90000	150000	80000	550000	120000	160000	120000	140000	190000	450000	2280000
8	s2		72512	72512	72512	72512	72512	72512	72512	72512	72512	72512		72512	870144
9	s3		78254	78271	88250	98260	158267	58278	58250	98253	78243	98262	87214	115281	1095083
10	s4		9587	9583	9534	9587	9535	9593	9587	9559	9611	9622	9613	9590	115001
11	s5		19502	19523	19529	19513	19482	19505	22505	19506	25534	19523	19510	19523	243155
12	s6		12901		12916		12868		17905		18928		12886		88404
13	(空白)														
14	総計		631771	563533	627559	667949	656567	1520373	557921	638845	659423	743477	681910	1483295	9432571
15															

あとは，このピボットテーブルを適宜加工すれば，図表11-1の完成

図となる。

(2) 分　析

月次入出金表は分析のための資料であり，作成が目的ではない。
この表からは，

- 賞与月を除き，毎月の給与収入は27万円から35万円程度であること
- 一方で住宅ローン，クレジット，携帯料金の引き落とし等で毎月20万程度の固定的な支出があること
- 収入から固定支出を引いた金額は7万円程度であり，夫婦と子どもの3人家族だとした場合，家計には余裕がないこと

が見て取れる。

家計分析の方法としては何種類か考えられるが，預金口座を摘要欄の内容から月次集計するのが最もわかりやすく，被疑者に提示したときも理解を得やすい。

(3) 資産，負債等を加味した加工

この表は，預金口座の入出金表および普通預金口座の残高推移表であるが，さらに普通預金以外の資産および負債の推移も盛り込むと，家計の状況をより立体的に示すことが可能となる。

また，収入，支出が大きく変わった月については，備考等の欄を設け，その内容を簡記すると一層わかりやすい表にすることができる。この点については，第13章1.(5)「家計状況」に記している。

3．資金使途の解明

資金使途の捜査は，財務捜査で最も多く行われている捜査事項である。横領事件では，会社から引き出された資金が個人用途に費消されたこ

と等を立証することが不可欠である。

また，詐欺事件においては，欺罔の立証に重点はあるものの，詐欺の目的が金銭の取得である以上，その使途を明らかにしなくてはならない。

また，共犯事件の場合，共犯者間で資金分配が行われることが多く，その解明も財務捜査によるところが大きい。

以下，預金取引明細から使途を追う方法についてケースごとに紹介する。なお，ゆうちょ銀行を除き，銀行の預金取引明細は，日付，出金，入金の順に記されているが，読みやすさの点から入金，出金の順に並び替えている。

使途の特定について，注意点が3点ある。

1点目は，使途という以上，入金との関連性がある程度必要になるということである。

例えば，5,000万円の詐取金が預金口座に入金された後，数百円の振込手数料，数千円の水道光熱費の支払が口座上見られることがある。確かに5,000万円入金後の費消であるが，詐取した目的はこのような少額の支払に充てるためではなかったはずである。その場合，ある程度詐取金との関連性が高い金額の大きな支出をもって使途とすべきであろう。ただし中には，携帯電話料金，家賃等を支払うよう督促を受けていて即刻支払うべきときもあり，それぞれの事案に即して考える必要がある。

2点目は，使途の特定方法に一貫性をもたせることである。後に記すが，詐取金の使途を解明している途中に，別の資金が入金され，資金が混同することがある。その場合，途中まで先入れ先出し的に使途を特定していたのに，途中から後入れ先出しのような方法に変更した場合，一貫性が保てなくなる。もちろん，途中で方法を変更することはあるかもしれないが，その場合には相応の理由が必要である。

3点目は，テクニックに走りすぎないことである。次項以降で典型的な口座のパターンを示しているが，口座の動きは千差万別である。1つ

の入金使途を追っていく途中で資金の出入りが激しくなって追い切れなくなることもある。そのようなケースでは，さらにその先を追う必要性は低いと思う。場合によっては入金後の出入りを示すだけでも十分なこともある。事件の内容によって解明の程度，必要性を判断するのも財務捜査の力量である。

財務捜査のキソチシキ

レシートチェックの必要性

　ある横領事件を捜査していたところ，被疑者は会社の預金口座から現金20万円を引き出した直後に7,500円程度の買い物をしていることが判明した。時間も場所も近接しており，引出し金の使途として問題がないように思われた。

　しかし，後日買い物の状況を再確認したところ，レシートに印字されている「お預り」は8,000円となっていることが判明した。銀行口座から引き出された現金はすべて1万円札であり千円札は含まれていない。現金引出し直後の買い物であったが，自分の財布にあった現金から払ったことになる。

　このようにピンポイントで確認できる事例は少ないが，資料については詳細にチェックをする必要があると強く感じた事案であった。

---

(1) 基本形

　基本的に，使途といった場合，預金口座に入金された資金に対し，直後の出金が使途となる。

【図表11-7】基本形

日付	入金	出金	残高	摘要
2024/5/1	30,000,000		30,000,000	生命保険金
2024/5/3		30,000,000	0	振込　○○不動産

　5月1日に入金された保険金3,000万円の資金使途は、その直後に行われた不動産会社への送金となる。

(2) 同一人の他口座へ振り替えられた場合

　ある口座に不正資金が入金された後に、他の口座に資金が移動されることも見受けられる。

　次の取引では、普通預金に入金された保険金が、同じ人の当座預金に振り替えられている。同一人の普通預金から当座預金への振替は、いわば自分の財布の中で資金が移動しただけである。

【図表11-8】同一人口座間資金移動

日付	入金	出金	残高	摘要
2024/5/1	30,000,000		30,000,000	生命保険金
2024/5/3		30,000,000	0	振替　当座預金

　このように、入金された資金が自己の別預金口座へ移動されたにすぎない場合、これは使途には該当しない。自己の手を離れた時点ではじめて使途になる。

(3) 残高がある場合

　前記2事例は、保険金が入金される直前の残高はない設定であった。しかし、現実の預金口座には直前の残高があることが一般的である。

【図表11-9】すでに残高がある場合

日付	入金	出金	残高	摘要
2024/5/1	30,000,000		70,000,000	生命保険金
2024/5/3		30,000,000	40,000,000	振込　〇〇不動産

　5月1日に3,000万円の保険金が入金される前に，すでに残高として4,000万円があることがわかる。

　5月3日に3,000万円が不動産会社に支払われているが，この資金は直前の残高から支払っているとも見えるし，5月1日の3,000万円の使途と見ることも可能である。

　この場合，5月3日の出金について，

● 保険金3,000万円と出金3,000万円が同額なので，5月1日に入金された現金の使途と判断する
● すでにあった残高の4,000万円から先に使われたとみる
● 4,000万円と3,000万円の比で，按分する

などが考えられよう。

　実際の捜査においては，入金前残高の形成原因，過去の残高推移などを検討していくことになる。

　例えば，入金前の残高が相続によるものであり今後相続税の支払が予定されている場合や，銀行借入の実質的な担保となっている場合等では，入金前残高を無視して構わない。

　一方，入金前残高が保険金の入金直前に振り込まれたものであれば，その入金理由から判断することになろう。

　また，被疑者の認識を確認する方法もある。

　多くの場合では，入金前残高を考慮せず，詐取金等が入金された時点から使途とする。

(4) 使い切る前に次の入金があった場合

　仮に入金直前の残高がゼロだとしても，資金使途を追っている途中に，他から入金があることも見られる。

【図表11-10】他の入金がある場合

日付	入金	出金	残高	摘要
2024/5/1	30,000,000		30,000,000	生命保険金
2024/5/3		10,000,000	20,000,000	振込　○○不動産
2024/5/5	25,000,000		45,000,000	××商事
2024/5/7		7,000,000	38,000,000	振込　山田太郎

　5月7日の700万円の送金は，保険金の使途とも，××商事から振り込まれた2,500万円の使途ともとれる。送金された700万円がどちらの入金に紐付くかが明らかであればそれに従うが，実際には不明確なことも多い。

　1つの方法として，直前残高と入金額の比で按分することも可能だが，頻繁に入金があった場合計算が複雑になるばかりか，被疑者の認識とも乖離する可能性がある。

　そこでこの場合には，先入れ先出しの考えにより，5月1日の3,000万円を使い切るまでを3,000万円の使途とすることが一般的である。

(5) 頻繁に少額入金がある場合

　今までの例とは異なり，少額の入金が頻繁に行われている場合，1対1で使途を特定するのが良いのかという問題が生じることもある。

　図表11-11は，説明の都合上，入金，出金の順で示したため，出し入れの状況がL字に見えるが，実際の預金取引明細は出金，入金の順であ

【図表11-11】頻繁に少額入金がある場合

日付	入金	出金	残高	摘要
2024/9/2	100,000		100,000	A
2024/9/2	120,000		220,000	B
2024/9/2	100,000		320,000	C
2024/9/2		320,000	0	ATM
2024/9/3	100,000		100,000	D
2024/9/3	110,000		210,000	E
2024/9/3	100,000		310,000	F
2024/9/3		310,000	0	振込　××商事

るため，捜査では逆L字型と呼ばれる口座の動きである。

　このような逆L字型口座は，投資詐欺等の事件で多数人から入金を受けた資金を別に移したり，税金の差押を免れる等の目的で入金後すぐに現金を引き出したりする事例によく見られる。

　図表11-11では，Aから入金を受けた資金使途は，形式上同日行われた現金の引出しになるが，このように同種同額の入金が継続的に行われている場合，9月2日に入金されたAの資金はATMで引き出し，9月3日に入金された他の資金は××商事に送金しようと考えていたわけではないと思われる。

　被疑者にとっては，不特定多数の者からの入金を預金口座で受け，その資金を適宜費消していただけのことであり，AからFの入金個々について使途を紐付けようとしたわけではない。たまたま9月2日に入金されたAからの資金をATMで引き出しただけである。

　このように，ほぼ同額の資金が頻繁に入金されている場合には，個々の入金に対して使途を特定するよりも，例えば，9月分の入金・出金を集計し，1カ月の入金合計と出金合計を対比させ，使途とするほうが妥当性は高いと思われる。

なお，逆Ｌ字型よりも出金頻度が高くなると，入金，出金がジグザグとなる稲妻型と呼ばれる取引パターンになるが，使途の特定については逆Ｌ字型同様に考えることになる。

【図表11-12】頻繁に入出金がある場合（稲妻型）

日付	入金	出金	残高	摘要
2024/10/2	100,000		100,000	X
2024/10/2		100,000	0	ATM
2024/10/2	120,000		120,000	Y
2024/10/2		120,000	0	ATM
2024/10/2	100,000		100,000	Z
2024/10/2		100,000	0	振込　××商事

(6) 現金使途の解明

　資金使途の捜査において，不正資金が現金で引き出されていることが多い。むしろ，不正資金であるから，使途について追跡を受けないように現金とするのが普通である。

　預金口座から引き出された現金は客観的な資料がなく，同一性を示すことは困難である。

　しかし，いくつかの方法により使途，資金移動先を解明することも可能である。

① 現金引出し場所，時刻，曜日

　現金がいつ，どこで引き出されているかを確認し，その理由を考えるというものである。

　預金通帳，インターネットバンキングの取引明細には，引出場所，取引時刻が記載されていることがある。

記載事項は金融機関によって異なるが，個別ATMの設置場所まで特定できることもある。

引出し場所が公営ギャンブル場の近辺，パチンコ店の周辺であれば，使途の可能性が高いことがうかがえる。

また，遠隔地で資金を下ろしている場合には，旅行時の利用可能性も考えられる。

取引時刻，曜日なども使途先解明のヒントとなることがある。

② 防犯カメラ画像

特殊詐欺事件の公開捜査で，出し子がATMから現金を引き出している画像を見ることがある。

公開された防犯カメラ画像を見ると，容貌以外にも所持品等も写り込んでいることもある。

捜査機関であれば，ここを起点として，他の防犯カメラも参照し前後の足取りを確認することも可能となるはずである。

③ 連続取引

不正に関係なく，銀行のATMコーナーの利用者が同じ機械を使い，連続して取引する場面は実際よく見かけるところである。

そのような場面をみると，被疑者がATMから現金を引き出し，引き続き同じATMで他の口座に入金をしている可能性も考えられる。

特に，会社の口座と同じ銀行に被疑者も口座を開設している場合，そのまま自分の口座に入金することも可能性としてあるはずである。

また，引き出したATMの近接した場所に他行のATMが設置されている場合，そのATMを利用していないとも限らない。

いずれにしても，現金の使途先については追跡をあきらめず，あらゆる可能性を考え解明することが必要である。

> **財務捜査のキソチシキ**
>
> ### 意外と地味な財務捜査
>
> ある保険金殺人事件を捜査している中で，保険金4,000万円の行方がどうしてもわからなかったことがあった。
>
> 保険金の払戻しは窓口で行われ，現金で受け取ったところまでは判明した。しかし，その後の行方はわからないままであった。
>
> もちろんその現金をそのまま所持している可能性もあるが多額であり，預金口座への入金も視野に入れなくてはならない。しかし，被疑者の預金口座を入念にチェックしても，その痕跡はまったく認められなかった。
>
> 改めて引出し時刻を確認すると払戻請求書には14:58と印字があり，閉店直前の取引であったことが判明した。
>
> そこから翌日の伝票を周辺の銀行も含め丹念に確認したところ，数店舗目で同一筆跡の入金伝票5枚を発見した。名義はそれぞれ異なるが，合計するとほぼ保険金額の4,000万円である。この入金経緯について銀行員から聴取をしたところ，保険金が支払われた翌日に被疑者が来店し，複数の借名口座へ入金したことが判明した。
>
> 各口座のその後の使途を捜査することで共犯者への資金分配状況も明らかにすることができた。また，借名口座は他の不正にも使用されていることが判明し，他事件の解明にもつながった。
>
> 財務捜査というとパソコンを使って帳簿を分析するというイメージが強いが，銀行回りをし伝票をめくり続けるような地味な捜査も実際には多いのである。

4．預金口座管理者の解明

　預金口座の名義人が，必ずしもその預金口座を利用，管理していたとは限らない。

　預金口座は本人確認を経て開設され，他人が利用することは想定されておらず，多くは口座名義人と利用者は一致しているはずである。

しかし，現実には他人の口座を使って取引をしている者もいる。

よく見られるのは，生前贈与として子ども名義の預金を作りながら，実際には親が管理しているという例である。これは名義預金として税務調査でも良く指摘されるところである。また，大家族の場合，同居の子，孫名義で開設した預金を隠し口座的に使用しやすい環境にある。

それ以外にも借名口座も存在し，口座名義人と利用者が一致しないことはしばしば見られる。

あるいは逆に，自分が利用している自己名義の預金口座を「自分は使っていない」といってくることもある。

一般的に預金は重要な財産であるため，口座名義人が利用者，管理者であることの推定は働くが，実際の利用者の確認が必要となる場面もある。

判断の基準としては，名義人が管理者であると推定しながら，次の点を確認しながら，矛盾点がないかを検討することになる。

- 通帳，キャッシュカードの保管場所
- 口座名義人の行動範囲とATM利用場所の対比
- 給与，公的給付金等本人名義口座でしか受け取れない入金の有無
- 公共料金，クレジットカード等の引落とし有無
- その他現金の入出金状況

5．レシートの分析

個人の経済状況についてさらに詳細を解明する場合には，レシートの分析が役立つことになる。

クレジットカードの利用が少なく，主に現金で買い物をしている場合，レシートの集計をしないと経済実態の解明につながらない。また，預金口座から引き出された現金の使途を解明するにもレシートの分析は不可

欠である。

　またレシートは行動記録としても活用できる。例えば，犯行前後の行動がレシートにより明らかになることもある。他の事実と照合しながらレシートを確認すると，時系列的な動きが鮮明となる。

　レシートの分析は，エクセルシートに，日付，時刻，支払先，品名，金額の各欄を設けて入力するのが基本である。また，品名に合わせて交通費，飲食費などの費目も入力すると集計しやすい。

　レシートは，さまざまな場所から発見されるが，これを並び替えて日付順に整理してしまうと，発見場所がわからなくなってしまう。発見場所を項目欄として設けたうえで場所ごとに順番に入力していき，最後に日付，時刻をキーとしてソートをすれば時系列に沿った一覧表となる。

　ただ，実際に入力すると，いくつかの問題点が出てくる。

　例えば，レシートに記載された品名が複数の場合である。個人の買い物だと必要な商品を必要なたびに購入するため1枚のレシートにさまざまな品名が記載されることになる。食品と事務用品が同じレシートに記録されていることも普通である。その際に，どこまで品名を入力するのかという問題が出る。また，消費税，ポイントの利用等の扱いに困ることもある。

　これらについては統一したルールを決めておき，すべての資料について一貫した入力がされていれば問題がないと思う。

　レシートの記載内容を品名1つひとつについて入力をするのが，一番丁寧な方法である。しかし，レシートが大量にあった場合，現実問題としてそこまで細かく対応できないこともある。金額の上位3品名を入力し，それ以外は「その他」としてまとめてしまうのも1つの方法である。

　買い物の履歴は，個人差が大きいため，入力するレシートを一通り見てから，入力方法を統一させていけば良いように思う。

【図表11-13】レシートの入力

日付	時刻	支払先	品名	金額	費目
9/1	20:10	ラーメン店	ラーメン代	970	外食費
9/3	10:15	文具店	ノート	150	文具費
9/5	11:05	コンビニ	ジュース	135	飲食費
9/7	13:52	喫茶店	コーヒー	450	外食費
9/9	13:01	コンビニ	弁当	580	飲食費
9/10	17:54	スーパー	食材	2,570	食費
9/11	21:51	居酒屋	送別会	7,582	交際費
9/17	14:34	スーパー	食材	3,890	食費
9/20	17:05	理髪店	調髪	4,800	理美容費
9/21	14:25	コンビニ	菓子	580	飲食費
9/30	17:25	携帯ショップ	電話代	10,581	通信費
9/30	22:01	焼肉店	会合	8,624	交際費
10/1	18:05	文具店	ボールペン	251	文具費
10/3	11:07	ホームセンター	パソコン用品	5,870	文具費
10/3	16:35	スーパー	食材	7,590	食費
10/5	9:11	コンビニ	コピー代	10	雑費
10/7	17:09	スーパー	弁当	580	食費
10/10	6:05	コンビニ	水道代	7,510	水道光熱費
10/11	15:15	喫茶店	コーヒー	550	外食費
10/12	13:01	書店	雑誌	780	娯楽費
10/17	20:25	居酒屋	会合	6,875	交際費
10/20	13:04	スーパー	食材	8,157	食費
10/21	16:00	喫茶店	コーヒー	450	外食費
10/23	11:59	ハンバーガーショップ	外食	780	外食費
10/29	12:03	携帯ショップ	電話代	9,858	通信費
10/31	19:00	映画館	映画	1,800	娯楽費

第11章 機能別財務捜査手法　171

【図表11-14】費目別集計表

	交際費	飲食費	外食費	娯楽費	食費	水道光熱費	通信費	文具費	理美容費	雑費	計
9/1			970								970
9/2											
9/3								150			150
9/4											
9/5		135									135
9/6											
9/7			450								450
9/8											
9/9		580									580
9/10					2,570						2,570
9/11	7,582										7,582
9/12											
9/13											
9/14											
9/15											
9/16											
9/17					3,890						3,890
9/18											
9/19											
9/20									4,800		4,800
9/21		580									580
9/22											
9/23											
9/24											
9/25											
9/26											
9/27											
9/28											
9/29											
9/30	8,624						10,581				19,205
計	16,206	1,295	1,420	0	6,460	0	10,581	150	4,800	0	40,912

6．会社倒産状況の解明

(1) 決算書の修正

　会社倒産状態にあったことは，基本的に債務超過の状況であり，また，損益改善の見込みがないことをもって立証する。

　財務捜査において，会社が倒産状態，つまり事業回復の見込みがなく，すべての資産を売却しても債務返済ができない状態であることを示すことは多い。特に詐欺の犯意を立証するには，返済能力がないことを端的に示すことになる。

　多くの場合対象は会社であるが，投資詐欺の場合にはグループを会社と見立てて考えることになる。

　債務超過が倒産状態にあることは，破産法において法人の破産手続開始原因として，支払不能または債務超過を挙げていること，金融機関の債務者区分における実質破綻先として「実質的に大幅な債務超過の状態に相当期間陥っており，事業好転の見通しがない状況」を例示していることからも見て取れる。

　基本的な流れとしては，1．「会社経営状況の解明」に記した方法により決算書を実態にあわせて修正することになる。

(2) 決算書に示されない信用力

　会社の債務超過は，倒産状態を判断する重要な指標であることは間違いないが，その点だけをもって倒産状態と判断できるものでもない。

　中小企業の場合，会社の資金が不足した場合，社長が自分の財産を差し入れることが行われる。決算書には「役員借入金」として表示される。

　社長が会社に対して資金を投じる方法としては，増資によることも可能ではあるが手続が煩雑である。そこで社長が会社に対して資金を貸し

付ける（会社側から見た場合，社長から借り入れる）ということが行われる。そのため，実質的な債務超過の判定には，会社経営者の資産状態も含めて考える必要がある。

例えば会社は債務超過であっても，オーナーに財産があることもある。大きな財産としては，預金，証券等の金融資産，不動産がある。オーナー社長の不動産については，不動産登記簿による担保の設定状況から確認が可能である。それらの状況を加味して，倒産状況の判断を行うことになる。

同様に，債務超過状態に近く経営危機に陥っている場合でも，グループ企業の一員であり，他社から資金支援を受けられる見込みがあれば，事業継続の可能性はある。

このほか，客観的な倒産状況とその認識が必ずしも一致しないこともある。例えば，社長は本来，経理も含め経営を統括すべき立場にあるが，実務を担当者に一任し経営状況について関心を持たないことも実際には存在する。資金繰り悪化の報告を受けていても，それほど事態を深刻に考えず，直前まで倒産の認識がないこともある。

その点は数字だけで示すことが困難なことが多く，各種資料および社内会議での発言内容，役員会での討議状況などを確認し判断することになる。

7．ペーパーカンパニーの立証

(1) ペーパーカンパニー

ペーパーカンパニーとは，一般に事業実態のない会社をいう。

租税回避に用いられることもあるが，会社という形態を利用して名義だけの会社を介し取引を偽装することや，行為者を不明にすることもある。

ただし法人は，登記によって成立するため，もともと目に見える実体というものが存在しない。

例えば本店所在地がバーチャルオフィスであるという点だけをもってペーパーカンパニーということはできない。

そこで，会社とは何かを前提に，その要件を満たしていないことをもってペーパー性を立証することになる。

(2) 立証方法

会社の代表格である株式会社は，「営利を目的とする社団法人」と定義される。

そこで，この営利性を否定するところからペーパー性を立証するのが基本となる。例えば，会社のホームページ等から活動実態が見られない，役員の変更登記がされていない，税務申告書が提出されていない，あるいは，休業届が提出されている，売上高がない，ライフラインの契約がない等である。

営利を目的とする以上，人の稼働が必要であるが，その事実がないなどを複合的に組み合わせて行うことになる。

この章のまとめ

- 多くの財務捜査で，経済状況，資金使途，倒産状況の解明が必要となる。
- 個人の経済状況の解明には，家計の出入口となる預金取引明細を基に行うのが効果的である。
- 資金使途は，金の流れを追うだけと考えがちであるが，実際捜査をするとさまざまなケースが出てくる。終始一貫した方法で行い恣意性を排除することが必要である。
- レシートの入力で家計の状況がわかることもあれば，犯行前後の行動が明らかになることもある。
- 会社倒産の解明では，貸借対照表の修正のほか，決算書に示されない信用力，簿外資産についても考慮する必要がある。

第3編

取調べと財務捜査の まとめ

第12章

取調べ

　財務捜査においても取調べは重要である。
　数字の意味の確認，動機，使途，共犯者の有無などについては，本人の供述によるところが大きい。
　財務捜査は，帳簿で得られた結果を書類として作成するだけで終了するわけではない。資料と合わせて供述を得ることが実効性のある真相究明に結びつくのである。
　捜査機関における取調べは，被疑者に対する取調べと，参考人に対する取調べに大別できるが，ここでは主に被疑者を想定する。

1．取調べの基本

　取調べの基本は，任意性の確保と客観性である。
　これは，警察官であれば繰り返し指示されていることである。任意にされたものでない自白は，これを証拠とすることができない以上当然のことである。
　任意性を確保するための1つの指針として，最低限守るべきルールとして次のような取調べ監督行為が定められている。

監督対象行為	具体事例
やむを得ない場合を除き，身体に接触すること。	被疑者を殴打する行為が該当することはもとより，例えば，被疑者の肩を掴む行為。 「やむを得ない場合」としては，例えば，暴れだした被疑者を制圧するなどの場合や急病の被疑者を救護する場合等がこれに該当。
直接又は間接に有形力を行使すること（上記を除く。）。	被疑者に対してノート類を投げつける行為や誰も座っていない椅子を蹴り上げる行為等。
殊更に不安を覚えさせ，又は困惑させるような言動をすること。	被疑者に対して「自白しないと家族を逮捕する」などと申し向ける行為等。
一定の姿勢又は動作をとるよう不当に要求すること。	被疑者に対して取調べ中に床に正座をするよう要求すること等。
便宜を供与し，又は供与することを申し出，若しくは約束すること。	接見禁止中の被疑者に取調べ室内で携帯電話により外部と連絡させたりする行為等。
人の尊厳を著しく害するような言動をすること。	被疑者やその家族等の身体的特徴をあげつらったり，その信条や思想を侮辱する行為等。

また，原則として，

- 午後10時から翌日午前5時までの間に被疑者の取調べを行う場合
- 休憩時間等を除き，1日につき8時間を超えて被疑者の取調べを行うとき

は本部長の事前承認がなければ取調べをすることができないとされている。

2．財務捜査における取調べ

　財務捜査の取調べは，帳簿，数字による資料に基づいて行われる。また，知能犯事件は，ホワイトカラー犯罪ともいわれ，比較的社会的な地位がある者によって行われる特徴がある。
　取調べに当たっては，次の点について注意をする。

(1) 客観事実との符合

　故意に虚偽を申し立てることはなくても，記憶が混在することはみられることである。

　少なくとも対象者の客観事実は，時系列にまとめておく必要がある。実際には，かなり詳細にわたることもあるが，おおよそのアウトラインとしては，このようになろう。

【図表12-1】時系列表

和暦	日付	年齢	内容	資料
S58	1983/10/28	0	出生	住民票
H14	2002/3/31	18	○○高校卒業	履歴書
H14	2002/4/1	18	株式会社○○入社	人事記録
H14	2002/5/1	18	営業部配属	人事記録
H17	2005/11/3	22	○○と婚姻	戸籍
H19	2007/5/7	23	長男○○出生	戸籍
H22	2010/8/9	26	○○市に住宅購入	不動産登記簿
H22	2010/8/9	26	○○銀行から住宅ローン3,500万円	不動産登記簿
H24	2012/4/1	28	経理部係長に昇任	人事記録
H25	2013/4/1	29	長男私立○○小学校へ入校	
H26	2014/7/1	30	消費者金融から100万円借入	取引記録
H27	2015/6/3	31	実父××死去	人事記録
H28	2016/8/5	32	住宅ローンの延滞始まる	取引記録
H29	2017/6頃	33	○子との交際始まる	関係者供述
H29	2017/12/5	34	消費者金融借入上限に達する	取引記録
H30	2018/3/8	34	内部監査により残高相違指摘	監査記録
H30	2018/3/9	34	本人から聴取したところ不正を認める	監査記録

　事件でポイントとなる時期，場所，会議出席者等の供述については，

客観的資料，同席者の供述と照合し矛盾がないかを確認する必要がある。

また，組織内の上司，部下は人事異動により変わることがあるため，その時期ごとの組織図，配席図などを入手しておくと良い。

例えば，役員の変遷であれば，図表12-2のような表が考えられる。

【図表12-2】役員の変遷

役職	氏名	令和4年												令和5年												令和6年											
		1	2	3	4	5	6	7	8	9	10	11	12	1	2	3	4	5	6	7	8	9	10	11	12	1	2	3	4	5	6	7	8	9	10	11	12
代表取締役	A	■	■	■	■	■	■	■	■	■	■	■	■	■	■	■	■	■	■																		
	B																			■	■	■	■	■	■	■	■	■	■	■	■	■	■	■	■	■	■
常務取締役	C	■	■	■	■	■	■																														
	D					■	■	■	■	■	■	■	■	■	■	■	■	■	■	■	■	■	■	■	■	■	■	■	■	■	■	■	■	■	■	■	■
取締役	E																																				
	F																																				
	G	■	■	■	■	■	■	■	■	■	■	■	■	■	■	■	■	■	■	■	■	■	■	■	■	■	■	■	■	■	■	■	■	■	■	■	■
	H	■	■	■	■	■	■	■	■	■	■	■	■	■	■	■	■	■	■	■	■	■	■	■	■	■	■	■	■	■	■						
	I																																■	■	■	■	■
	J																																				

(2) 被疑者の認識の確認

財務捜査で得られた結果は客観的事実であるが，それが被疑者の認識と一致しているかの確認を行っていく。

会社の経営実態についても，決算書上の業績と被疑者の認識が一致しないこともある。この点については，本人の供述，メモ，手帳の証拠品等と照合しながら認識を詰めていく必要がある。財務捜査の結果は事実であっても，そのとおりに認識していたとは限らないのである。

資料を基にして，被疑者自身の言葉として説明を求めることが必要である。

(3) 被疑者の会計知識に合わせた資料の作成

　取調べにおいては，基本的に証拠品を提示しながら説明を求めることになる。しかし，銀行の預金取引明細がかなりの分量になり，また，取引明細と会計帳簿を相互に見比べる必要が出てくることもある。

　その度に1つひとつの書類を確認することは，煩雑に過ぎるし，一覧性に欠ける。

　そこで，これら証拠資料の中から事件に関係する部分を抽出し，相互の関連性を明確にした資料を作成したうえでこれを被疑者に提示して説明を求めることも行われる。

　取調べにおいては，作成の基礎となった資料を示しながら，内容の説明を被疑者に求めることになるが，この場合，被疑者の会計知識に沿った資料とする必要がある。

　例えば，簿記の知識がない者にとっては，借方，貸方という基本的な用語でも戸惑うこともある。最近では，会計ソフトの入力も簿記知識がないことを前提に設計されていたり，経理担当者でも会計用語に詳しいとは限らなかったりする。この場合には，資金の流れを基本とした資料を作成し，会計処理は簡潔な内容にすると理解されやすい。

　一方，一定の経理知識を有する者の場合には，専門性の高い資料のほうが端的でわかりやすいこともある。

(4) 聴取内容

　聴取すべき事項は，動機，手口，共犯者の有無などになるが，法律の構成要件を充足すること，被疑者でないと知り得ない話を得ることを第一に考える。

　例えば，銀行に虚偽の決算書を提出し融資金名目で資金を詐取した詐欺事件において，その動機が愛人との遊興費の捻出であった場合，その

愛人との関係をあれこれ聞くことは使途の解明には役立つかもしれないが，詐欺を直接立証するものではない。

詐欺罪を立証するには，欺罔→錯誤→交付→移転という一連の流れが有意な結び付きをもっているという要件を満たす必要がある。

したがって融資詐欺の取調べであれば，犯意が生じた時期と理由，経営状態に対する認識，欺罔の具体的文言，虚偽決算書の作成場所，作成方法，詐取金額の決定理由，銀行員との交渉内容，銀行とのメールなど記録の有無，その銀行を選んだ理由，経理（社長）は関与しているのかなど欺罔行為，手口について詳細な聴取が必要になろう。

また，多くの事件の場合，使途の解明が必要となる。現金の使途については，取調べをする前の捜査において明らかになることもあるが，本人からの供述によるところも大きい。

その場合，単に「ギャンブル」「飲み代」「買い物」というような抽象的な話ではなく，具体的な使い方，例えば買い物であれば，何をいつどこで購入し，どの現金引出しと対応するのか，また，その品物は現在どこにあるのかなどの確認が最終的に聴取すべき内容となる。もちろん，被疑者の態度，これまでの捜査の解明状況等にあわせ，徐々に確認すればよいことである。

なお，使途先について正直に語らない理由として，回数が多く記憶が曖昧になっていること以外に，相手に迷惑がかかる，一般に表に出したくない支出（愛人への支払，風俗店の利用），違法な支出（薬物購入，賄賂）等がある。

また，供述において本人しか知り得ない秘密の暴露が含まれるのが理想である。秘密の暴露とは，その時点で捜査機関が知らなかった事実で，その後の捜査で事実と判明する内容であり，供述の信用性が高まるだけでなく，事件の真相に迫ることにつながる。

あわせて共犯事件，組織内の事件では犯行を決断するきっかけとなる

一声が発せられることもあるが，その発言についてはありのままの言葉，いわゆる生言葉が得られるとよい。

(5) 抗　弁

　被疑者の取調べにおいて被疑者が抗弁をしてきた場合，真摯に対応することが必要である。

　抗弁とは言い訳であることが多く，犯行時にその意思があったのか，あるいは現在問題になっている事件について後付けで自己の責任を軽減するために話をしているのかの区別がつきにくい。

　例えば，横領の動機として，残業代を全額支払ってもらっていなかった，自腹で営業経費を負担していたので穴埋めをした，自分の評価が不当に低くその差額を補填したなどと抗弁することがある。

　しかし，実際に犯行時にそのようなことを思っていたのか，それとも事件が発覚してしまったため，他人に責任を転嫁し自己の正当化を図ろうと話をしているのか区別がつきにくい。

　被疑者は自分の不正に対し心底悔悟することもあるが，悪いのは自分だけではないと主張することもある。発覚した不正について，すべて話すこともあれば，判明した部分だけを認めることも少なくない。このように自己正当化の1つとして抗弁をしていることはありうることである。

　このような抗弁については，不用意に同調することなく，不正事案の解明という本来の目的から逸れないほうが良い。少なくとも不正の正当化や矮小化するような抗弁について是認をすることは望ましくない。

　そのような言い分は別途聞くというような態度で臨むことが基本である。

(6) 被疑者の否認

　否認については，行為そのものを否定する場合と，目的，内容を否認

する場合に分けられる。

　行為そのものを否認する場合としては，銀行預金から現金を引き出したのは自分ではない，という否認である。

　一方，目的，内容の否認とは，現金を引き出したことは認めるが，それは会社のためだったという否認である。

　また，認識の否認としては，返済しようと思っていた，経営状態が厳しいことは知っていたが倒産するとは思わなかった，というものである。

　まず，行為の否認について，立証責任は捜査機関にあるため，供述内容を基に客観証拠を収集することになる。例えば，ATMに設置されている防犯カメラ画像，不正行為前後の被疑者の行動などから事実を示すことである。

　行為の否認については，捜査側における見立てが違っている，つまり，真犯人を見逃している可能性があるため，慎重な裏付けを行う必要がある。

　一方，内容の否認は，被疑者の言い分を聞きながらも，その内容が思い込みであれば訂正していくことも必要である。

　また，認識の否認については，否認を否定する客観的な資料，例えば，会議録，銀行との交渉状況，滞納状況，取引先に対する返済期間延長の依頼内容等により認識があったことを立証していくことになる。

　なお，否認調書を取るべきかについては，捜査側において見解が分かれるところである。

　否認でも調書をとることは，被疑者の言い分も聞いたことがうかがえ，供述の任意性を支えることになるという考えもある。一方で否認を書類にした場合，被疑者は一貫性を保持しようと自認に転じにくいという意見もある。

　どちらが正解ということはなく，事件内容，手持ちの証拠などから考えていくべきであろう。

3．上申書の提出

　被疑者の供述は，その内容を供述調書として録取するが，不正を認めた場合，「上申書」を徴するようにする。

　これは，刑事訴訟法322条において，任意に自己に不利益な事実の承認を内容とする書面は，これを証拠とすることができる，とされているためである。条文では，供述録取によることもできるが，被疑者が作成した署名，押印のある書面の方が，信用性が高いことは言うまでもない。

> 第322条　被告人が作成した供述書又は被告人の供述を録取した書面で被告人の署名若しくは押印のあるものは，その供述が被告人に不利益な事実の承認を内容とするものであるとき，又は特に信用すべき情況の下にされたものであるときに限り，これを証拠とすることができる。但し，被告人に不利益な事実の承認を内容とする書面は，その承認が自白でない場合においても，第三百十九条の規定に準じ，任意にされたものでない疑があると認めるときは，これを証拠とすることができない。

　「上申書」というのは，捜査機関で使用される用語であって徴する書類に「上申書」という文言が必要なわけではない。タイトルにこだわらず，自由に自筆で書いてもらうことが必要である。

　そのため，白紙を用意し，被疑者の意思で記入してもらうことになる。なお上申書を徴した場合，後日任意性が問題となることが多いため，その点十分に配慮する必要がある。

4．供述調書の作成

　被疑者に対する取調べを行った場合，面前で供述内容を作成していく。供述調書は，被疑者の文言を一言一句記述するのではなく，供述の要旨を記載するのが基本スタイルとなる。

内容によっては一問一答式の問答式とすることもある。

一通りの供述を得たら，その時点で供述調書を作成し，その内容を声に出して読み聞かせ，さらに相手に手渡し書面を読ませ，誤りがないことを申し立てた場合には，署名，押印を求める。

なお，供述調書は伝聞証拠に該当し，原則として公判廷において証人尋問が行われる。押し付け的な調書を作成しても，後日の公判で否認されることになり意味がない。

確実な書類を作成することに徹するべきである。

この章のまとめ

- 財務捜査の結果について，供述を得ることで事件の真相が究明される。
- 認識，手口，動機等は本人でないと語り得ない核心部分である。
- 取調べに当たっては，被疑者の言い分も十分に聴取する。
- 犯人でないと知り得ない秘密の暴露が得られると，供述の信用性，任意性が高まる。
- 「上申書」により自己に不利益な事実の承認を得ることは重要であるが，任意性の確保には十分な配慮が必要である。
- 押し付け的な調書を作成しても，後日の公判で否認されてしまうことになる。供述人の意思に基づいた確実な内容とすべきである。

第13章

捜査のまとめ

　財務捜査が一通り終了したら，捜査報告書を作成する。

　財務捜査に限らず，捜査，調査の最終目標は，犯罪事実，不正事実を客観的に示すことにある。

　そこで，最後にこれまでの捜査内容をわかりやすくまとめていくことが必要になる。

　捜査報告書の読み手は必ずしも専門家であるとは限らない。正確性を担保しながら相手が理解できるレベルに落とし込むように作成していく。財務捜査に関する報告書は，図表を用い，その作成方法と分析結果を書くことが一般的である。

1．図表の作成

　事案ごとに作成する図表はさまざまであるが，いくつかの代表的なパターンを示すと次のようになる。

(1) 保険金詐欺事件における資金の流れ

　これは，比較的単純な資金の移動状況である。個人が一時に取得した資金の費消状況は，このような流れで示すとわかりやすい。

保険金の入金，現金引出し，その後の流れを矢印で示せばよい。

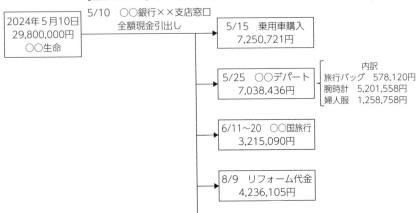

【図表13-1】保険金詐欺事件における資金の流れ

　図表13-1と合わせて，作成の根拠となった銀行取引明細，領収書等の証憑書類を添付し，客観性を示せば十分である。

(2) 口座間移動がある資金移動状況

　図表13-2は，会社から着服した現金を預金口座に入金した後の取引状況を示している。横領のように不正が日常化している場合には，前項で示したような単純な費消状況を示すことが難しい。

　横領金を預金口座へ入金後，さらに他口座へ移動している場合には，口座を左右に並べて示すとわかりやすい。

(3) 贈収賄事件における資金の流れ

　会社を舞台とした不正の場合，資金の流れと合わせて会計帳簿の記載状況を示すことが必要である。

　贈賄資金が収賄被疑者に交付され，その後費消された状況について，

【図表13-2】口座間資金移動状況

日付	○○銀行浦和支店 入金	○○銀行浦和支店 出金	××銀行大宮支店 入金	××銀行大宮支店 出金	残高	摘要
R06/01/25	321,859				332,587	給与
R06/01/25		170,000			162,587	ATM
R06/01/25		110			162,477	テスウリョウ
R06/01/25				1,258,741	2,158,743	クレジット
R06/01/31		9,850			152,627	○○電力
R06/01/31		7,850			144,777	××ガス
R06/01/31	1,000,000				1,144,777	258
R06/02/08		85,123			1,059,654	ローン
R06/02/08			700,000		1,458,743	送金
R06/02/15		27,021			1,032,633	クレジット
R06/02/15				150,000	1,308,743	家賃
R06/02/20		700,000			332,633	ATM
R06/02/21			700,000		2,008,743	ATM
R06/02/25	294,013				626,646	給与
R06/02/25		120,000			506,646	CD 5678 002
R06/02/25		220			506,426	テスウリョウ
R06/02/25				1,587,000	421,743	クレジット
R06/02/27		200,000			306,426	フリコミ
R06/02/27		330			306,096	テスウリョウ
R06/02/28		11,536			294,560	○○電力
R06/02/28		5,367			289,193	××ガス
R06/03/01		3,000			286,193	563
R06/03/03	500,000				786,193	ATM
R06/03/03		500,000			286,193	カワグチ タロウ
R06/03/03			500,000		921,743	カワグチ タロウ
R06/03/07	50,000				336,193	

チャートを作成すると，図表13-3のような感じになることが多い。

交付した現金の出所（今回の想定では前日に行った預金口座からの現金引出し），その際の会計処理，交付場所と飲食費の会計処理，収賄被疑者の費消状況を一覧とすることで，会計の知識がそれほどない者にも資金の流れが理解できる。

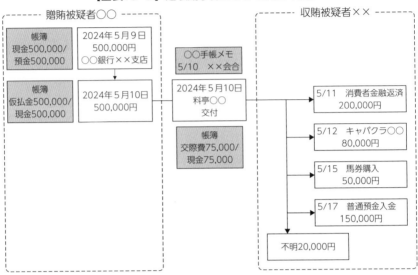

【図表13-3】贈収賄事件における資金の流れ

(4) 贈賄原資として仮払金を特定した場合

　贈賄原資として仮払金が使われやすいことは，前述のとおりである（第10章6.「贈収賄事案」）。

　この場合，単に該当する仮払取引を示すだけでは財務捜査として不十分である。なぜ，他の仮払金は贈賄原資ではなく，その仮払金と特定で

【図表13-4】仮払金精算表

仮払金				仮払金精算				
日付	金額	請求者	理由	日付	費目	金額	返金・追加	領収書
2024/4/1	25,000	総務部長	接待	2024/4/2	交際費	22,000	3,000	○
2024/4/21	100,000	営業部○○主任	北海道出張	2024/5/7	旅費交通費	120,000	−20,000	○
2024/5/10	500,000	社長	接待	2025/3/31	交際費	500,000	0	
2024/5/11	70,000	総務部○○係長	会議費	2024/5/15	会議費	65,210	4,790	○
2024/5/15	100,000	総務部○○主任	接待	2024/5/18	交際費	98,254	1,746	○
2024/5/21	120,000	総務部○○主任	九州出張	2024/6/1	旅費交通費	98,752	21,248	○

きるかを示す必要がある。

　そこで，図表13-4のような仮払金精算表を作成し，5月10日の仮払金だけが年度末の翌年3月31日に交際費として振り替えられ，かつ，領収書がない特異取引であることを示せると良い。

(5) 家計状況

　預金口座を基にした家計状況の作表については，第11章2．「家計の解明」に記したが，他の捜査結果と合わせて，負債や家計での出来事も加えて図表13-5のようなまとめの表を作成するとわかりやすくなる。

(6) 破綻時期の特定

　多数の者から高配当を謳って資金を集める詐欺事件の場合，経営破綻の時期を特定し，破綻後に求めた入金について詐取金と判断することができる。

　投資詐欺の事件では，集めた資金は遊興等に費消され漸次減少していくのに対し，出資者に約束した返済金額，配当金額は指数関数的に増加するのが一般的である。

　そこで，資産である預金残高と，債務にあたる出資者への返済債務を対比させ，これをグラフ化することで運営状況および破綻時期を明確に示すことができる。

　このグラフに，顧客に対する返済金の遅延状況などを加えるとなおわかりやすい表となる（図表13-6）。

【図表13-5】家計状況

		24年1月	24年2月	24年3月	24年4月	24年5月	24年6月	24年7月	24年8月	24年9月	24年10月	24年11月	24年12月	総計
入金	給料	279,015	270,644	334,818	318,077	253,903	810,485	237,162	279,015	284,595	351,558	290,175	706,337	4,415,784
	現金入金		43,000			50,000		20,000		50,000	52,000		110,000	325,000
	入金計	279,015	313,644	334,818	318,077	303,903	810,485	257,162	279,015	334,595	403,558	290,175	816,337	4,740,784
出金	現金出金	160,000	70,000	90,000	150,000	80,000	550,000	120,000	160,000	120,000	140,000	190,000	450,000	2,280,000
	住宅ローン	72,512	72,512	72,512	72,512	72,512	72,512	72,512	72,512	72,512	72,512	72,512	72,512	870,144
	クレジット	78,254	78,271	88,250	98,260	158,267	58,278	58,250	98,253	78,243	98,262	87,214	115,281	1,095,083
	携帯電話	9,587	9,583	9,534	9,587	9,535	9,593	9,587	9,559	9,611	9,622	9,613	9,590	115,001
	電気料金	19,502	19,523	19,529	19,513	19,482	19,505	22,505	19,506	25,534	19,523	19,510	19,523	243,155
	水道料金	12,901		12,916		12,868		17,905		18,928		12,886		88,404
	出金計	352,756	249,889	292,741	349,872	352,664	709,888	300,759	359,830	324,828	339,919	391,735	666,906	4,691,787
差額		−73,741	63,755	42,077	−31,795	−48,761	100,597	−43,597	−80,815	9,767	63,639	−101,560	149,431	
預金残高		45,433	109,188	151,265	119,470	70,709	171,306	127,709	46,894	56,661	120,300	18,740	168,171	
消費者金融		1,587,201	1,610,305	1,835,711	1,958,712	1,988,122	1,780,276	1,782,538	1,857,258	1,991,021	1,980,455	1,875,211	1,750,123	
備考					消費者金融延滞	消費者金融極度額200万円に近接			クレジットカード支払遅延					

【図表13-6】資産・負債対比表

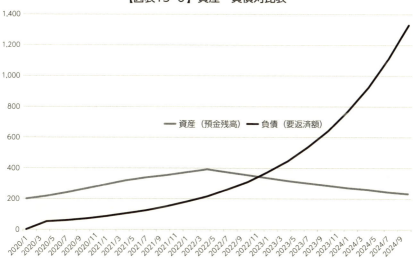

2．報告書の作成

　財務捜査のまとめでは，多くの場合に表やグラフが作成され，報告書は，その図表の説明が中心となる。

　作成日，作成者に続いて，

- 捜査目的
  この捜査を行った理由
- 捜査内容
  捜査の概要
- 捜査方法
  具体的な捜査方法
- 捜査結果
  端的な結論

で構成されるのが基本である。

捜査報告書

被疑者○○の預金口座を分析した結果を下記のとおり報告する。

記

1 捜査目的

　被疑者○○の預金口座取引を捜査し，同人の経済状況を把握するため。

2 捜査内容

　これまでの捜査で判明した，以下の被疑者○○名義預金口座

　　　○○銀行○○支店　普通預金　○○
　　　○○銀行○○支店　普通預金　○○
　　　○○銀行○○支店　普通預金　○○

の取引につき，摘要欄の記載事項に基づき，入出金取引内容を分析したもの。

　捜査対象期間は，令和○年○月○日から令和○年○月○日までとした。

3 捜査方法

　前記口座について，入金取引，出金取引に分類した上，摘要欄記載事項に基づき次の基準により取引内容を月次に集計した。

（1）入金取引

　ア　給与・賞与

　　被疑者○○は，株式会社○○に勤務し，毎月の給与のほか年に2回賞与の支給を受けていた。

　　そこで，預金取引の摘要欄から給与，賞与を示す記載事項を計上した。

　イ　現金入金

　　摘要欄の内容から，被疑者の預金口座に現金で預け入れられた金額を計上した。

　ウ　・・・

（2）出金取引

4 捜査結果

　以上の結果を作表し，その内容を分析したところ，

・住宅ローンの返済，公共料金の支払，クレジットカード代金の引き落とし金額だけで給与入金額の8割程度となっている。

> - 上記残額から，現金で支払われる食費，被疑者の小遣いを支払う余力はなかった。
> - 生活資金の不足分は，消費者金融から借り入れた資金を預金口座に現金入金していくことで賄っていた。
>
> ことが判明した。
>
> 　また，同時期の被疑者の経済状態は，
> - 令和6年5月には，消費者金融の借入限度額に達していた。
> - 住宅ローンの返済も滞り，銀行から支払の督促を受けるに至っていた。
>
> ことが判明しており，令和6年6月以降は資金繰りが極度に逼迫していたことが認められる。

　このように，捜査結果は簡潔にまとめ，詳細は表で説明するのが基本である。

　また，捜査結果については，同様の手順により第三者が行った場合にも，同一の結果となるように，前提条件，端数処理，除外したデータなどを詳細に記載する。また，金額については，基本的には円単位で記載を行う。

3．財務捜査独特の注意点

(1) 専門用語に説明を加える

　財務捜査を日常的に行っていると，簿記，会計用語を多用しがちであるが，簿記や決算書を知らない多くの人にとっては意味がわからずせっかくの資料が役に立たないことになる。

　捜査報告書は，最終的には公判に提出されることを念頭に，誰が読んでも理解できるよう平易に書き，専門用語には説明を入れるよう工夫する。

(2) 数字の意味を的確に示す

　数字は客観的な値である。しかし，その数字自体にどのような意味を持たせるかは別の話である。

　例えば，年収2,000万円と聞くと，高所得者でありお金に余裕があるように感じる。

　しかし，客観的な事実は年収2,000万円だけであり，実際に資金的余裕があったと判断することはできない。逆に年収200万円だから収入が少なく，生活に窮していたとすることもできない。

　高い低い，多い少ないというのは，基準となる金額との比較である。

　金額に高低，大小を付ける場合には，必ず比較対象とその意味を明らかにする。

> （報告書例）
> 　被疑者甲は，年収2,000万円と平均的給与所得者と比較すれば高額な収入を得ていたが，甲の年収が前年3,000万円，前々年5,000万円だったことと比較すると大幅な収入減となっていた。
> 　また，甲は3年前に東京都内のタワーマンションを2億円で購入し，そのローンの返済だけで毎年1,000万円にのぼっていたことから，生活には余裕がなかったものと認められる。

　同様に，「倍」などで増減割合を示す場合にも，比較対象となった数字を同時に示す。例えば，利益が10倍になったとしても，1万円が10万円になったのと，1億円が10億円になったのでは意味合いが違ってくる。

　また，増減を％で示す場合は，基準となる数値を分母とする。100から70に数字が変化した場合は，

　　100－70/100　30％減

となり，100から120となった場合は，

　　120－100/100　20％増

である。

(3) 根拠を示す

　経営が破綻していることを示すときに，債務超過に陥っていたことを理由にする場合，債務超過であればなぜ破綻といえるのかを示す必要がある。

　財務捜査を行ううえでは当然のことでも，すべての人がその共通の知識を有しているわけではない。これも一種の専門用語である。

　例えば，捜査報告書において

> 会社が債務超過の状態であれば，その有する資産をすべて売却しても負債の返済ができず，また，会社財産の担保となる資本金が実質的にマイナスとなり，経営は破綻していたことが認められる。

　または，

> 破産法第16条には，法人の破産手続開始の原因として「支払不能又は債務超過（債務者が，その債務につき，その財産をもって完済することができない状態をいう。）」とあり，支払不能と並んで債務超過も破産の対象としている。同社は破産申立てこそしていなかったものの，実質的には倒産状態にあったことになる。

と書くことができる。

(4) 平行して作成する

　捜査報告書は，捜査のまとめであるが，すべてがまとまってから書き始めるのではなく捜査の途中において記載していくと効率的である。

　資料作成には時間がかかることが多く，完成後に作成過程をすべて思い出すことができないことがある。内容は適宜パソコンにメモの形で追

記していく程度で十分である。

(5) 検算をする

　財務捜査の報告書には，本文，添付資料に数字が多数登場するが，計算誤りがあると，その内容の信用性がかなり低下してしまう。

　特に，誤った数字により被疑者を取り調べた場合，その取調べ内容が事実と符合せず，供述内容の信頼性が揺らぐことになる。

　被疑者に原本と作成した資料を提示してもその場で検算をし，資料の誤りを発見できるとは限らない。

　添付資料の縦横計算は，簡単に検算することができるので最低限のチェック事項である。

　また，複雑な証券取引，暗号資産取引等捜査官にとってなじみの少ない取引資料の作成では，専門家，実務家等からも話を聞くなど十分な理解が欠かせない。

財務捜査のキソチシキ

裁判で指摘された財務捜査の問題点

　財務捜査は，客観的な資料に基づき行うものであるが，ときに取引に詳しくない捜査員が，十分にその意味を解せずに入力することや，結論を出してしまうことがある。

　過去，裁判の判決で，財務捜査資料のずさんさが次のように指摘されたことがある。

　「ここで，本件捜査の在り方等について考えてみると，本件で捜査機関が収集した取引株式数，顧客数等の客観的データに関しては，大きな誤りがあったとまではいえないにしても，決して軽微とはいえない入力ミス等の誤りが多々見受けられ，また，本件において多重取引になっていたか否かを判断するためには不可欠の客観的資料が第30回公判を過ぎてから提

出されるという事態があった。しかも，このような書類（例えば甲489）についても入力ミス等の誤りがあり，とりわけ，その多重取引一覧表中の東京応化工業株に関する誤りは，看過し難いものである（この点については甲493で訂正がなされている。）。

　そもそも，これらの基礎データは，必ずしも証券取引等に精通していたとはいえない捜査官によって集められたものであるが，捜査の初期の段階では時間の関係もあって必ずしも十分な分析が困難だったのであるから，その後に収集された証拠，とりわけ関係者らの供述等と照らし合わせて吟味し直されるべきものであったのに，そのような作業はあまりなされていないように思われる。むしろ，誤ったデータを基に関係者を取り調べた形跡すら窺われるのである。このようにして本件捜査においてはこの種事犯の解明につき最も重要な客観的側面がややなおざりにされていたと評せざるを得ず，これが事実認定を困難にしていることも否定できない。」
（平成15年10月29日大阪地裁判決）

4．総括報告書の作成

　以上の捜査結果を基に財務捜査に関する総括報告書を作成する。総括報告書の書き方も個々の捜査報告書同様である。
　経済状況の解明であれば，会社，個人を問わず，資産，負債，収入（収益），支出（費用）の4項目によって示されるため，項目ごとの捜査結果を総合し判明した事実を記すことになる。

総括報告書

　本件詐欺被疑事件については，被疑者○○は，債務超過の状況にあり，債権者に対し返済能力がなかったことが判明したので，以下のとおり報告する。
1　資産状況
　被疑者○○の資産については，自宅および金融機関に開設した普通預金3口座が判明している。

(1) 自宅不動産
　そのうち自宅については，
　　所在地　埼玉県さいたま市浦和区○○
　　　土地　78.25平米
　　　建物　木造瓦葺き2階建て　90.21平米
を有している。
　　土地の価格は，
　　　固定資産税評価額　　　○○円
　　　路線価評価額　　　　　○○円
である。
　一般に固定資産税評価額は時価の7割程度，路線価評価額は時価の8割程度とされている。
　そこで，これら評価額に基づき土地の時価を算出したところ，
　　　固定資産税評価額による場合　　　△△円
　　　路線価評価額による場合　　　　　△△円
であり，およそ△円と算定された。
　建物の評価額には，固定資産税評価額△円を採用した。
　自宅不動産については，後に記すとおり，住宅ローンの担保として抵当権が付されている。
(2) 預金口座
　　⋮
3　負債
4　収入
5　支出
6　まとめ
　以上のとおり，被疑者○○の経済状況を捜査したところ，資産については，自宅の評価額○○円，預金残高○○円であったが，自宅については，銀行借入金の担保に供されており，実質的な価値はない。
　また，預金残高も消費者金融からの借入金を入金し，ようやく残高10万円台を保つ水準であり，家族3人の生活資金としては，大きく不足していた。

消費者金融からの借入残高は限度額の○○円に達しており追加借入は不可能な状態であった。
　一方収入に関しては，勤務先の○○株式会社から額面で毎月30万円程度の収入があり，そのほか賞与として年2回合計100万円が支給され，年収は460万円程度あった。
　しかし，これに対する支出として，

　　住宅ローン　　　　　　　○万円
　　クレジットカード引落し　　○万円
　　消費者金融への返済　　　　○万円
　　公共料金等の支払　　　　　○万円

が固定的にあったほか，

　　遊興費　　　　　　　　　○万円

の支払も恒常的にあり，収入の残余はほぼない状態であった。
　また，○年○月頃から住宅ローン，固定資産税の滞納も始まり経済的には相当追い詰められていたことが認められる。
　以上の捜査結果から，被疑者○○は，犯行当時の令和○○年○月頃は借入金が資産を上回る債務超過の状況にあり，かつ相当な資金逼迫状態にあったことから，債権者に対する返済能力は有していなかったと認められる。

この章のまとめ

- 財務捜査結果は，主に図表によって示されることが多く，その作成過程を報告書として作成する。
- 捜査報告書の作成にあたっては，読み手は会計の専門家であるとは限らず，わかりやすい説明を心がける。
- 財務捜査によって作成された図表は，被疑者に確認させ，事実と認識が合致を得るようにする。
- 捜査報告書は客観的に再現性をもって作成するのが基本である。また，数字は検算を行うなど正確性の確認が必要である。

【著者紹介】

横山　誠

税理士・行政書士

1963年埼玉県生まれ。早稲田大学商学部卒。信託銀行に勤務の後，製造会社へ転職し経理，税務業務を担当。1997年税理士試験合格。1999年埼玉県警察本部に財務捜査官として採用され，警部補から警視まで昇任。2024年に定年退官するまでの25年間，横領や詐欺事件などの知能犯事件をはじめ，殺人事件，生活経済事件等の財務捜査に当たる。警察大学校財務捜査研修センター勤務，本部長指定技能指導官を通じ捜査員育成にも従事。2024年横山誠税理士・行政書士事務所を開業。

事務所HP　https://yokoyama.ink

不正の端緒を見抜く
財務捜査の進め方

2024年12月15日　第1版第1刷発行

著　者	横　山　　　誠
発行者	山　本　　　継
発行所	㈱中央経済社
発売元	㈱中央経済グループ 　　パブリッシング

〒101-0051　東京都千代田区神田神保町1-35
電話　03 (3293) 3371 (編集代表)
　　　03 (3293) 3381 (営業代表)
https://www.chuokeizai.co.jp
印刷／東光整版印刷㈱
製本／㈲井上製本所

©2024
Printed in Japan

＊頁の「欠落」や「順序違い」などがありましたらお取り替えいたしますので発売元までご送付ください。(送料小社負担)

ISBN978-4-502-52141-6　C3034

JCOPY〈出版者著作権管理機構委託出版物〉本書を無断で複写複製 (コピー) することは，著作権法上の例外を除き，禁じられています。本書をコピーされる場合は事前に出版者著作権管理機構 (JCOPY) の許諾を受けてください。
JCOPY〈https://www.jcopy.or.jp　eメール：info@jcopy.or.jp〉